「中国国家历史」和「红色历程」印章,由「江南碑刻第一刀」时忠德先生篆刻。

人民东方出版传媒
People's Oriental Publishing & Media
东方出版社
The Oriental Press

编委会专家：（按姓氏笔画排序）

卜宪群　王子今　史党社　成汉平　刘　军　刘相平

许　斌　李宏图　沐　涛　沈海涛　张　生　张　帆

张　进　张连红　张建华　陈仲丹　陈红民　陈宝良

陈晓律　陈　理　陈谦平　周巩固　孟钟捷　赵　梅

胡阿祥　祝宏俊　梅雪芹　梁景和　彭　卫　葛剑雄

本册主编： 叶　盛

读中国国家历史
讲人类命运故事

　　中国有过去的中国，有现实的中国，还有未来的中国；国家有过去的国家，有现实的国家，还有未来的国家；同样，历史有过去的历史，有现实的历史，还有未来的历史。故在不同时空中，中国、国家和历史都是在发展变化的。

　　《中国国家历史》就是以中国的视野，探寻时空变迁的中国、时空挪移的国家和时空流动的历史。《中国国家历史》以打造高品质的大众历史读物为己任，以扬大众历史风气为宗旨，谈古今中外人事，科学生动地讲好全时空历史故事。

　　中共二十大提出"传承中华文明，促进物的全面丰富和人的全面发展"，也就是中国的人、事、物的传承和发展。中国的人、事、物，有历史的、现实的和未来的。要讲好中国的人、事、物，需要中国视野和中国立场。

　　习近平指出："如果不从源远流长的历史连续性来认识中国，就不可能理解古代中国，也不可能理解现代中国，更不可能理解未来中国。"同样，如果不从源远流长的历史连续性来认识世界，就不可能理解古代世界，也不可能理解现代世界，更不可能理解未来世界。

探寻并认识各个国家的历史，探寻并认识各段历史的国家，才能讲好构建人类命运共同体的故事。

历史有不同的内涵和外延，《中国国家历史》倡导的是大众历史，它不是学术历史，也不是大众史学，而是建立在历史科学之上的历史常识，是以图文并茂的形式呈现出来的历史故事。《中国国家历史》所讲述的历史故事着眼于历史的重点、现实的热点和大众的视点，意在生动揭示历史过往、深刻阐释历史内涵、密切联系历史发展。

正如葛剑雄先生说的那样："历史书中有学不完的知识，历史书中有讲不尽的故事。"《中国国家历史》愿伴随你：行千里路触摸历史，读万卷书涤荡心灵！

南京大学《中国国家历史》编写组

目录 CONTENTS

国家记忆·镇馆之宝

穿越近两千年的"说唱明星"——东汉击鼓说唱俑 / 赫英忆 005

流光溢彩的唐代金银器 / 齐吉祥 015

历史探索

对马海战：日俄海上大厮杀 / 陈仲丹 039

外国银行：大清的隐性"中央银行" / 张欣冉 051

透过"国家名片"看20世纪80年代以来体操运动在中国的发展 / 苏芃芃 068

中国第一斜塔——苏州虎丘云岩寺斜塔千年不倒的秘密 / 刘美斌 092

史海拾贝

王忠嗣：悲情的大唐名将 / 李大鹏 117

漫话北京明代要塞 / 易弘扬 129

观象授时 闰余成岁——中外历法漫谈 / 郑强 142

历史的核心与边缘

釜底无薪：北宋钱荒及社会影响 / 蒋思敏 陈国兵 165

沉默的钢钉：建设美国中央太平洋铁路的华工 / 刘敏 陈虹 178

国家记忆·镇馆之宝

彩绘陶杂技俑

东汉歌舞宴乐画像砖

鎏金立凤植物纹银饰

穿越近两千年的"说唱明星"——东汉击鼓说唱俑

文 | 历史学博士 赫英忆

图 1-1　兵马俑

一说到中国的国宝级历史文物，大多数人脑海中浮现出的是黄钟大吕、巨鼎金石、车马兵俑、神佛造像……它们共同的特点是端庄、恢宏、严肃、大气，给人凛然不可侵犯的仰视感、敬畏感。

但也有例外，有一件知名度很高的国宝，风格与它们迥然不同。这件国宝"嬉皮笑脸"，表情滑稽，造型诙谐，动作夸张，让人一看就忍俊不禁，仿佛看到了一位荒诞风格的艺人正在进行喜剧说唱表演。和前面说的那些"国之重器"相比，雅俗泾渭分明，庄谐判若云泥。但就其历史文化价值和给人的审美感受而言，却丝毫不逊于它们。说到这里,可能很多朋友已经猜到了,这位"说唱艺人"就是珍藏于中国国家博物馆的东汉击鼓说唱俑。

图1-2 东汉击鼓说唱俑(中国国家博物馆藏)

小时候,我在历史教材的彩页里看到过他,那过于"接地气"的形象当时就给我留下了深刻的印象。多年后,第一次逛国博,他出现在我眼前时,把我吓了一跳——我感觉他是活的,并且似乎真的听到了他说唱的声音!哦,是用我熟悉的成都方言"有盐有味"

地唱："高高山上哟一树槐哟喂，手把栏杆噻盼妹儿来，娘问我么儿你望啥子哟，我望槐花啥几时开……"

这就是他的魅力——他是活的、动态的、有声有色的。你会清楚地看到他在手舞足蹈，清晰地听到笑声、歌声、鼓声。他额上的每一道皱纹，口中的每一颗牙齿，他下垂的胸肌、鼓起的肚腩、粗大的手指、宽厚的脚丫，都让你感觉是有温度、有生气的。栩栩如生、呼之欲出，用这八个字形容这件说唱俑再合适不过了。

我之所以说他用成都方言唱，是因为他的"出土地"在成都。1957年2月下旬，重庆铁路管理局工程处在成都北郊天回镇东北约一公里的天回山巫家坡施工时，凿出崖墓数座，四川省博物馆闻讯后即派专人前往调查。1958年6月，四川省博物馆在天回山北麓清理了三座土坑墓，其中战国墓、西汉墓及东汉墓各一座。发掘过程中在三号墓中发现有一个陶制击鼓俑。考古工作者在对三号墓的结构、墓道及侧室形式、墓砖花纹、石棺形式、雕刻人物画、殉葬器进行全面分析的基础上，得出结论：三号墓属于东汉时期的贵族墓葬，在其过道所发现的击鼓俑当为东汉时期的随葬品。

穿越了近两千年的击鼓俑重见天日。他那灿烂的笑容和潇洒的舞姿，任何人一看到，就会回到近两千年前，成为这位"老艺人"的现场观众。

"老艺人"高56厘米，以泥质灰陶制成，俑身上原有彩绘，现已脱落。头戴巾帻，左臂下夹一圆形扁鼓，右臂平直，手执鼓槌欲击，两臂戴有珠饰。上身赤裸，下穿长裤；身屈，蹲坐在地面上，赤足，右腿扬起，脚掌向上，张口，露齿，眯缝双眼，露出活泼诙谐憨厚之态，动作夸张，古灵精怪，活现一俳优正在说唱的形象。其因无与伦比的生动形象感，被人们称为"汉代第一俑"，是一件富有浓厚民间气息和地方风貌的优秀雕塑作品,属国家一级文物。

从他身上,我们既看到了东汉时代贵族阶层的娱乐生活,也看到了成都这座古城曾经有过的繁华岁月。

东汉社会的娱乐生活

说唱艺人在中国古代被称为"俳优""倡优",在春秋战国时期已出现。他们侍奉天子和贵族,以说唱、舞蹈等逗笑表演的方式为主上排遣无聊。在宫廷或贵族宴会上,俳优往往是灵魂人物,以幽默的话语、滑稽的表演博得宾客的欢笑,助兴起哄是他们的拿手好戏。当然,有些俳优也会利用他们的特殊身份,依靠自己的口舌之才正话反说、反话正说,在取悦君主的同时,也对君主一些错误的想法、做法进行讽谏规劝。所以,他们既是天子和贵族身边的弄臣玩物,也在某种程度上是天子和贵族了解民情、倾听世风、辨别是非、改正错误的一个媒介。

秦汉时蓄养俳优之风盛行。秦始皇统一天下后,修离宫数百所,倡优成千。优旃就是当时有名的俳优。秦始皇曾计划大兴土木,在东到函谷西到宝鸡的地域范围内修造一座皇家园囿。优旃便向秦始皇说:"皇上的想法很好,园囿修好后,放进许多禽兽,敌人如果从东方进攻,放出苑囿中的麋鹿用角就能把他们顶回去。"秦始皇听了以后,觉得这确实是劳民伤财又无实际意义之事,就打消了这个念头。

汉代俳优以调谑、滑稽、讽刺的表演为主,以此来博得主人和观赏者的笑颜。他们往往随侍主人左右,作即兴表演,随时供主人取乐。表演时,他们一般边击鼓边歌唱。汉时的皇族贵戚、豪门富户蓄养俳优之风甚盛。汉武帝"俳优侏儒之笑,不乏于前";丞相田蚡"爱倡优、巧匠之属";桓宽《盐铁论·散不足》云"富者祈名岳、望山川,椎牛击鼓,戏倡儛像";都可以说明这一点。

图1-3 舞乐百戏

两汉是中国封建社会的第一次强盛时期,从公元前202年刘邦开基建国,到公元220年曹丕废汉献帝自立,历时420年之久。西汉时期出现了以经济繁荣、政治清明而闻名于历史的"文景之治"。东汉作为西汉的延续,享国195年。

公元25年,西汉皇室后裔刘秀于天下大乱中崛起,创建东汉王朝。他消灭各地军阀,统一天下,巩固皇权,重视民生,轻徭薄赋,惩贪除弊,开创"光武中兴"。光武之后,明章二帝在位期间,政局稳定,经济发展,史称"明章之治"。汉和帝时期击败贵霜帝国,迫使匈奴西迁,通使罗马,实现中国与欧洲首次直接交往,东汉国力由此达至极盛。至安帝、桓帝、灵帝时,朝政腐败,党锢祸起,国势倾颓,民不聊生,引发黄巾起义。朝廷令各州郡自行募兵平叛,导致地方豪强拥兵自重。190年,董卓挟献帝迁都长安,揭开了军阀混战的序幕。220年,曹丕篡汉,东汉覆灭,进入三国时期。

东汉沿用了西汉的治国方针并有所改进,在经济、文化、科学技术等领域都取得了众多成就。佛教在此期间传入中国,蔡伦改进造纸术,张衡发明地动仪和浑天仪,许慎著成世界上第一部字典《说文解字》……史学家司马光评价道:"自(夏商周)三代既亡,风化之美,未有若东汉之盛者也。"

东汉繁荣强盛的一个重要标志,就是"百戏盛行"。"百戏"是对中国古代各类民间表演形式的统称,如歌舞、说唱、杂技、武术、戏法、驯兽等各类表演均属"百戏"行列,前面说到的俳优就是百戏演员。百戏始于先秦宫廷,繁荣于两汉民间。东汉前中期,因社

图 1-4 杂技

会安定，经济繁荣，民众富足，百戏演出极为流行，且从帝王、贵族、豪强之家走向百姓生活。权贵富豪之家都大量蓄养百戏艺人，洛阳、长安、宛城（今河南南阳）、成都、许昌、临淄、苏州等大城市里，都有各种百戏表演场所向市民百姓开放。因此，每天都有大量俳优艺人，重复展现着击鼓说唱俑的表情动作，服务权贵，娱乐大众，成为那个时代颇受喜爱的"明星"，为自己赢得衣食之源、生活之资。

这位"击鼓说唱俑"就是这类人的代表、这个行业的缩影。东汉贵族实行厚葬，死后要将生前享受过的一切都带入地下，供自己在另一个世界里享用。俳优作为他们不可或缺的娱乐服务人员，自然也要被做成陪葬陶俑，随生前的主人长眠于墓中。

成都——两汉时代的"安乐之城"

说唱俑的出土地成都，是当今最具代表性的"网红城市"，经常被各类媒体宣传为"最悠闲的城市""宜居之都""吃喝玩乐之城"。从这位近两千年前的说唱艺人身上，我们似乎也可以看到，在那个遥远的时代，成都已经具备了"娱乐休闲"的城市风格。

公元前3世纪，秦国蜀郡太守李冰父子营建都江堰，让旱涝无常的成都平原逐渐成为生活安定富足的"天府之国"，由此拉开了成都城市发展史的精彩序幕。

李冰之后至西汉早期，约百年时光，成都基本维持着李冰时期的旧貌。汉景帝末年，文翁任蜀郡太守期间，在全国首先创办郡学。当时成都城内已是人口众多的繁华拥挤之地，文翁在城外东部擘画新地，修建了当时中国规模最大的官办学堂之一——文翁石室，即今成都石室中学前身。文翁兴学，让成都更加人才荟萃、文化昌明，日益成为汉王朝"人杰地灵"的繁华都市。

武帝时期,朝廷以成都为中心开发西南夷,大量官吏、军队来到成都,旧城已不适应需要。元鼎二年(前115),武帝下令重筑成都城。重筑之城,将秦时小城、大城全部包括在内,又向北、东拓扩。所谓"都门二九,四百余间。两江珥其市,九桥带其流"。经此次重筑,成都城发展极快。西汉中期,成都有人口七万六千余户,仅次于首都长安八万户,跃升为全国第二大城邑。

西汉末年,成都因地处蜀中盆地,所受战乱波及较少,工商业的发展没有停滞。到了东汉时期,成都一直保持着仅次于长安洛阳的"要枢之城"地位,是国家最重要的工商业中心之一。加上驰名天下的漆器和织锦,成都成为商旅辐辏、熙来攘往、繁华富足的汉帝国西南地区中心城市,这种城市地位跨越近两千年,一直保持至今。

扬雄《蜀都赋》所描写的,既是武帝新筑成都城的面貌,也是西汉晚期至东汉前期成都城的社会实况图景。读者诸君若有兴趣,可以去阅读感受一下。

图 1-5 队舞

穿越近两千年的"说唱明星"——东汉击鼓说唱俑 | 013

成都是全国各地中出土汉代文物最多的地区之一，大量的画像砖、陶楼模型、人俑、瓦当、镇墓兽等典型东汉文物在成都地区出土，全景式地再现着东汉时代这座城市的千姿百态、绚丽多彩。而这件击鼓说唱俑，就是其中最具特色、最为珍贵的代表。

击鼓说唱俑的整体造型仍然属于传统古拙风格，但也体现了鲜明的时代特色。东汉时期，雕塑艺术风格较西汉有较大变化，在追求总体造型古拙雄浑的同时，十分注意对于细部生动传神的刻画。此俑的塑造者显然不是简单地模仿生活中的说唱艺人，而是着重表现说唱艺人的一种特殊神气，即试图用他所说唱的有趣故事引起观

图1-6　奏乐

众强烈的兴趣。该俑那种伸头耸肩、眉开眼笑、手舞足蹈的形态，把说唱者有声有色的表演刻画得惟妙惟肖、极其传神。如前文所述，人们似乎听到了他爽朗的笑声，并且想象出他说唱的内容，甚至似乎看到了在说唱者的前面，有一批听众正在兴致勃勃地欣赏他的出色表演。

中国国家博物馆收藏的这件击鼓说唱俑以它独一无二的艺术感染力，不仅让我们真实地感受到了东汉雕塑技艺的高超，而且为我们研究汉代的社会生活习俗、衣着服饰和当时的民间说唱艺术提供了生动的实物史料。

四川地区出土了许多类似的说唱俑，说明当时蜀地俳优说唱表演颇为流行。富足的生活，让人们更加追求精神享受，千千万万个这样的宫廷俳优和民间艺人，把成都打造成两汉时代的"安乐之城""休闲之都"。无论中原有多少战乱，宫廷有多少纷争，在这个安乐窝里，人们仍静静地享受着这份快乐，体验着这份美好……

流光溢彩的唐代金银器

文 | 中国国家博物馆 齐吉祥

图 2-1 鸱鸟形金饰片
（春秋，甘肃省博物馆藏）

黄金、白银作为贵金属，很早就受到人们青睐。在伊拉克出土的目前所知世界最早的黄金首饰，距今约 5000 年。我国考古工作者在甘肃发现了距今约 4000 年的金耳环；在商代的考古中，更有世界闻名的太阳神鸟金饰；春秋战国时期，出现了黄金货币；西汉时，皇帝和国家将黄金用于赏赐、馈赠、聘礼、储存的记载，屡见不鲜，海昏侯墓中出土的金饼、金板和马蹄金、麟趾金就多达数百件……白银被重视和利用得要晚一些，我国战国时期才有制作精美的银车马器、银带钩、银盘、银匜等。

然而这一切都只是开始。当历史的车轮进入唐朝时，由于帝王、权贵对金银器的格外追捧，在其实用价值之外，又因人情、观念等因素，金银器的数量大增，且精美程度令人啧啧称赞。从目前已发现的实物看，唐朝300多年的金银器数量，就数倍于从商周到三国两晋南北朝2000余年金银器的数量。1963年陕西省西安市沙坡村窖藏、1970年陕西省西安市南郊何家村窖藏、1982年江苏省镇江市丹徒丁卯桥窖藏、1987年陕西省扶风法门寺地宫，这四次考古发掘，就出土各类金银器1200多件，其中不乏被评定为一级文物的精美绝伦之作。以下大体按其制作的时间顺序，择取几件金银器，和大家共赏它们的风采。

鎏金银香囊

图2-2　鎏金银香囊（直径4.8厘米，
1963年陕西省西安市东南郊沙坡村窖藏出土，中国国家博物馆藏）

这是一件令人惊叹称奇的生活用品。它由上下两个半球体组成，两个半球体一侧是相互连接的铰链，对应的一侧是用于扣合或开启的子母扣。上半球是囊盖，下半球为囊身，囊身内还有一个盛放香料的银盂（也叫香盂），当人们将燃着的香料木放入盂中，扣合上下两个半球后，无论如何转动银香囊，银盂中的香料都不会撒出，而沁人肺腑的香气则徐徐散出，给人以美好的享受。

为什么无论如何转动香囊，香盂中的香料都不会撒出呢？请大家通过其内部结构，了解它的科学原理。原来在香囊内，除了香盂外，还有两个内外相套的同心圆环，正是这两个环起了关键作用。它们被称为持平环（也称机环），即内持平环和外持平环。外持平环与球壁相连，内持平环分别与外持平环和香盂相连接。以上所有相连接处，均是用银铆钉以枢轴方式铆接，可以自由转动。由于内持平环与香盂之间均构成直角，能防止香盂前后倾倒，而外持平环，能防止香盂以及内持平环左右倾倒，于是香盂在重心作用下，其口沿始终与地面保持平行状态，不仅盂内香料不会撒出，就连燃烧后的香料灰也不会撒出。

这件香囊还有一处令人称奇——它的持平环装置竟然和现代航海、航空中使用的陀螺仪原理基本相同。大家知道，我们出行时要辨别方向，航空、航海自然更不例外，早在宋代时，航海就使用了罗盘。可是当罗盘过分倾斜时，磁针因靠到盘体受阻，便不能发挥作用。为了解决这一问题，16世纪时，欧洲人发明了一种名为"卡尔达诺旋体"的常平架，它由一大一小两个铜圈绕成，并用枢轴把它们连接起来（这相当于香囊的那两个环）。然后再用枢轴将它们安在一个固定的支架上（这相当于香囊的囊体），将罗盘挂在内圈中，这样不论怎样摆动，罗盘都保持水平状态。这种常平架和香囊的持平环相似。古代中国人在公元 8 世纪就掌握了这一力学原理,实在值得我们为之自豪。

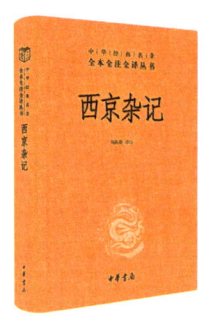

图 2-3　中华书局版《西京杂记》

文献记载,这种香囊在汉代就有了,由刘歆撰写、葛洪辑录的《西京杂记》中提道:长安城中有一位叫丁缓的能工巧匠会制作"为机环转运四周,而炉体常平"的多孔小球,可以点上香料后放进睡觉的被子里,不论小球怎么滚动,香灰都不会撒出来,名为"卧褥香炉"或"被中香炉"。这不就是香囊吗?可惜的是没有实物留下来,仅有记载而已。

至于"香囊"这一名称,历史上曾有过"香球""衮球""被中香炉"等叫法。1987 年陕西法门寺地宫出土的一块唐代《衣物帐》石碑,上面记载有唐僖宗供奉的"香囊",经与实物核对,"香囊"一名成为这种器物在当今的定名。据统计,目前国内外博物馆收藏这种银香囊已多达 13 个,当然每个香囊的纹饰不同,大小也略有差异,本文介绍的这一件是它们当中制作年代较早的,约产生在 8 世纪中叶。

鸳鸯莲瓣纹金碗

碗是大家常见、常用的生活物品,可是要说金碗,见到的人就很少了,更不要说用了。目前已有 3000 多件唐代金银器被人们所知,而只有在何家村窖藏和法门寺地宫各出土了两只金碗。

流光溢彩的唐代金银器 | 019

图2-4 鸳鸯莲瓣纹金碗（其中一只高5.5厘米，口径13.7厘米，重392克，1970年陕西省西安市南郊何家村窖藏出土，陕西历史博物馆藏）

何家村出土的两只金碗造型、纹路相同。每一只金碗全身布满花纹，最醒目的是上下两层有浮雕效果的莲瓣纹，每层10瓣，共20瓣。细看可见每个莲瓣纹内又有精细的纹饰，上一层莲瓣内中心位置是兔、鹿、鹦鹉、鸳鸯等动物，其姿态各异，栩栩如生，颇有呼之欲出的活力。动物周围是各种生机盎然的花卉。下层的莲瓣纹内统一装饰忍冬纹饰，它是随着佛教的传入，由西方传入我国的一种纹饰，广泛出现在各种器物上。金碗上忍冬的叶片和枝蔓结合，犹如花朵，极富装饰性。上层的纹饰突出的是动，下层的纹饰营造的是静，一动一静，构成和谐的美。莲瓣纹之间的区域布满了如意云纹和各种姿态的飞鸟。金碗的圈足部分是宝相花纹，这里的花纹呈现的不是某一种花草，而是将一些花草图案化，形成一种多层次的造型，呈现一种富丽的气氛。再细看，你会发现所有纹饰的周围都是密密麻麻的小点点，这其实也是一种装饰，是作为各种纹饰的底纹的鱼子纹。借助放大镜，你可以看到那一个个小鱼子纹，疏密得当，繁而不乱，工匠的精心设计、精细操作可见一斑。令人想不到的是，在金碗外底部，平常人们看不见的地方，还刻了纹饰：周围是折枝花纹，正中是一只展翅飞翔的鸳鸯。这种精致，实属罕见。

制作金碗，使用了多种金银工艺。由于黄金有非常好的延展性，先用捶揲工艺制作出金碗的形体，然后从碗内壁向外捶出上下两层莲瓣轮廓，使莲瓣由碗内壁向外壁微微突出，形成内凹外凸的观赏效果。接下来用錾刻工艺加工上述花纹，由于花纹的大小、粗细、凸起程度等各有不同，錾刻的工具有几百种之多，有的錾头极锋利，可以剔除掉部分黄金，刻画出细腻的纹饰，有的錾头则不能锋利，以便錾刻较圆润的纹饰。这也是工匠精神的一种体现吧！

图2-5 莲花

看到这里，不知你有没有在想，这个金碗上有那么多纹饰，为什么在命名上却只有鸳鸯和莲瓣呢？这应该同它们的寓意更为美好，以及形象更为醒目、突出有关。自古莲花深受我国人民的喜爱，大家在博物馆参观时，会发现许多文物上都有莲花图案。要注意一点的是，不少文章讲莲花是佛教的一种标志，随着佛教的传入，莲花图案才传入中国，才见诸装饰，这种说法与事实不符。我国河南出土有春秋中期铸造的青铜莲鹤方壶，上面就有 10 组双层莲瓣纹饰，相当逼真。《诗经》中也不乏关于莲花的诗句。

那时佛教才刚刚产生，还远没有传入中国。莲花图案在我国的盛行，一方面是因为它观赏性强，另一方面是因为我们的先民还将它"出污泥而不染"、花与果实同时生长等特点人格化，以此比喻人"清廉"的优良品德、寓意"莲生贵子"的美好愿望。而随着佛教的传播和流行，莲花的吉祥寓意愈加深入人心。依照这种思路，它在金碗上成为主体纹饰，就自然而然了。金碗上的兔、鹿等动物，都有祥瑞寓意，而鸳鸯是爱情的象征。在现实中，雌雄鸳鸯多成双成对地嬉戏在水边，深受人们喜爱。以鸳鸯为题材的吉祥图案，最晚在汉代就出现了，《西京杂记》中就有"鸳鸯被""鸳鸯褥"的记载。唐代时，鸳鸯纹饰更是广泛出现在人们的生活中，用鸳鸯比喻男女爱情的诗句，更比比皆是。以上看来，金碗以鸳鸯、莲瓣命名，是为了彰显吉祥美好的愿望。

唐透雕忍冬纹五足银熏炉

熏炉是中国古代生活中习见的用品，式样繁多，材质也有陶瓷、青铜、白银、景泰蓝等。这只银熏炉，制于 8 世纪前叶或稍早，自上而下分为三层：上层为炉盖，盖面高隆，顶部平坦，正中铆着一个仰莲瓣的宝珠盖纽，供人提拿。中层和底层都是炉身，若连为一体，炉身偏高，不便于放置香料和清除香灰，故分为两层，在接合部用如意卧云状的子母扣加以连接、固定。下层炉身呈直臂圆盘状，有 5 个兽蹄形足，蹄形足之间的外壁上有 5 根链条，这使熏炉既可平放又

图 2-6 唐透雕忍冬纹五足银熏炉（通高 30.5 厘米，陕西历史博物馆藏）

可悬挂。在炉盖和炉身上层，均镂空如意云纹，这是供香烟飘逸的出口。一只实用的熏炉，被工匠用贵重的白银打造得如此美观典雅，颇具观赏性，且同鸳鸯莲瓣纹金碗等金银器同窖藏一处，由此推想，它的主人应该有相当高的身份、地位。

熏炉的产生是人类文明进步的一种表现。熏香不仅可以提神醒脑，还可以去除异味（古人称香的这种作用为"辟秽"）。因此熏香以及香料的使用，还成为礼的一部分：古代祭祀祖先、神灵要熏香；重大的庆典要熏香；皇帝上朝更要熏香；古人还佩戴装有香料的香囊，避免身上的不洁气味冒犯他人。

从考古发掘看，汉朝时人们已大量使用熏炉，全国各地的汉墓都有熏炉出土，其中广州的西汉南越王墓，出土的熏炉竟有13件之多。

古代的香料，大多是天然的植物，如香茅、蕙兰、花椒、辛夷、茱萸等，还有来自外国的冰片、苏合香。冰片产自马来半岛、苏门答腊等地。冰片又叫龙脑香，是从龙脑树脂中析出的白色晶体。苏合香也是一种树脂，产自小亚细亚。非常有意思的是，2000多年前的一些香料竟然保存到了今天，在马王堆汉墓3号墓里，人们不仅看到了满满一箱的香茅草，而且其中一个陶熏炉里还有这种香料。

银鎏金"论语玉烛"龟形酒筹筒

这是古代行酒令的器具，在出土的金银文物中，目前仅此一件。器具由龟座和圆筒两部分组成，其纹饰、造型充满吉祥寓意。圆筒自上而下均为莲的造型：它的顶部周围向上翻卷，呈现出荷叶状，正中是含苞待放的莲蕾，既是实用的盖纽，又给人以美的享受。底部托着的是两层仰莲，将圆筒托得稳稳当当。关于莲的吉祥寓意，前面已讲过，这里不再赘言，主要说几句此器以鎏金银龟为底座的寓意。龟被古人视为祥瑞之物，与龙、凤、麒麟并称为"四灵"。早在商代，人们占卜用的就是龟甲，占卜的事由、结果等也大多刻写在龟甲之上，形成举世闻名的甲骨文。汉代时，诸侯王、御史大夫等人的印章，以金龟、银龟为纽，而且这印章都要随身携带，一旦丢失，是要治重罪的，诸侯王甚至可以因此被除国。这么重要的印章，以龟为纽，龟的地位何其显要。唐代同样看重龟的寓意，当时进入宫门要验"符"，据记载开始是银菟符，后改银鱼符，即将银铸的菟形、鱼形的符从中一分为二，一半留宫门，一半存持有者，入宫门时，两个半符相对，才可入内。武则天当政的时候，将鱼符改为龟符，龟又受到朝廷的高待遇。在这件行酒令的器物上，以龟为座，则反映乌龟的灵性已深入社会各阶层了。

和以上几件金银器一样，该器具的筒身以细密匀称的鱼子纹为底，上面篆刻了鸿雁、流云等纹饰，特别令人瞩目的是，圆筒身上有一个竖长方框，框内刻有楷书"论语玉烛"4个字。初看这4个字，人们会颇感费解，而当人们看到和此器同时发现的50枚鎏金酒令筹（每枚长20.4厘米、宽1.4厘米、厚0.05厘米）后，就恍然大悟了。原来每一枚令筹上，都有选自《论语》的内容，如其中一枚写的是"死生有命，富贵在天，自饮十分"，前半段是取自《论语·颜渊》，后半段规定，抽出此筹的人要自饮十分酒，这就是酒令。唐朝时选《论语》做"筹令"，后来，增加了"明贤故事令""名士美人令""《水浒》酒筹""《西厢记》酒筹"等，可见"筹令"既有趣味性，又有知识性。那"玉烛"又作何解呢？"玉烛"二字始见于《尔雅·释天》，寓意是四时和气，温润明照。此圆筒的形状宛如蜡烛，人们便把它称为"玉烛"，以显示文雅。

流光溢彩的唐代金银器 | 025

图 2-7 银鎏金"论语玉烛"龟形酒筹筒（镇江博物馆藏）

今天对于酒令筹，绝大多数人会感觉很陌生，因为在现实生活中很少见到了，然而在古代，酒令筹却是很常见的。古时候，宴集是一种重要的娱乐形式。宴集时间短则三四个小时，长则通宵达旦，这么长时间不可能只是吃饭、喝酒。于是说笑话、唱小曲、写诗词都可以派上用场，其中最常见的则是行酒令，例如在《红楼梦》里，有多处描写行酒令的场面，贾母、王夫人都是参与者。酒令的形式很多，有的富于文采，突出一个雅字；有的热闹火爆，突出一个俗字。现在偶尔还能看到的以划拳（也叫拇战、闹拳）决定胜负，谁输谁喝酒，便是酒令的一种通俗表达形式。而筹令，则属文雅的一种。有专家推测，使用这一件"论语玉烛"酒筹进行饮酒游戏的过程是这样的：酒宴开始，令官首席先饮一杯酒，然后在圆筒中抽出一枚令筹，同座读出上面的内容，提出某人来劝酒或饮酒，劝、饮过后，取得抽筹的资格，以此一一进行下去。

和这件"论语玉烛"银酒筹一同出土的，还有900多件银器，这些文物出土于一处唐代建筑的遗址内，推测是当时官僚贵族的住宅，因为遇到突发事件，临时仓促埋入地下，时间应该是唐朝中晚期。再者，镇江是唐朝时银器的生产中心之一，这件银器很可能是当地制造的。

法门寺鎏金银茶具

中国是茶树的原产地，是茶的故乡，种茶、制茶、饮茶都起源于中国，由此还衍生了内涵丰厚的茶文化。

古代人饮茶和今天饮茶有很大不同，古代人究竟怎么饮茶，是一个很值得探索的问题。1987年，法门寺出土了成套的鎏金银茶

图2-8 法门寺鎏金银茶具（法门寺博物馆藏）

具，向我们提供了研究中国饮茶史最好的实物依据。从这些银器上的铭文得知，它们制造于9世纪，是唐僖宗供奉给法门寺的宫廷茶具。现在均藏于法门寺博物馆。下面选其中几件茶具和大家共赏。

鎏金飞鸿毬路纹银笼

该银笼分为笼盖和笼身两大部分。笼盖的口沿下折，可以和笼身扣合。笼身的口沿两侧铆有环耳，环耳上有提梁，还有一根银链，它一端和盖纽相连，一端连着提梁。该银笼底足是呈倒"品"字形的3个花瓣组合，与笼子底边缘相铆接。最引人注目的是笼盖和笼身上的鸿雁（笼盖上有15只，笼身上有24只），它们都在展翅飞翔，大多还是两两相对，富有情致。它们都是金黄色的，这是鎏金的效果。鎏金是一种金属器表面的装饰技艺，将黄金和水银按一定比例制成"泥金",涂在白银、青铜等金属表面,再进行高温加热,使水银挥发,黄金则留在器物表面,成为薄薄的一层黄金层,这种工艺也叫火镀金。该银笼通体都是毬路纹(也叫毬露纹),是一种四角相连,向四周连续铺展,从而形成圆满结合效果的纹饰。

图 2-9　鎏金飞鸿毬路纹银笼(法门寺博物馆藏)

这件银笼子的用途是盛放茶饼。我们现在饮茶是用沸水直接冲泡散装的茶叶,这种饮茶方法是明代才形成的。而在此之前,人们饮的是茶饼泡的水。古时候人们采摘下茶叶以后,先把茶叶放进蒸锅蒸一蒸,去掉鲜茶叶中的一部分水分,然后用杵臼把蒸过的茶叶捣成糊状,再把糊状茶放在模子里,拍成团饼,就做成茶饼了。茶饼用火烤干后就可以存起来,方便以后使用。茶饼在保存中,要保持干燥而色香不减,一般先用纸包裹好茶饼,放在茶笼里,挂在高处，通风防潮。陆羽在《茶经》中提道：盛放茶饼的茶笼是用竹篾编织的。这一件茶笼由于是皇家制作的，要彰显皇家之高贵，故用白银制成，且精工细作。

鎏金流云纹银茶碾

图 2-10　鎏金流云纹银茶碾（法门寺博物馆藏）

该器具由茶碾槽架和碾压轴两部分组成。茶碾槽架又分为辖板、槽身、碾槽、槽座四部分。辖板为长方形，两端呈如意云纹状，中间还有一个宝珠形小提手。辖板相当于一个器皿盖的作用，平时将其插入槽身的沟槽，密闭槽身，避免灰尘等进入。槽身也是长方形，两个侧面各镂空了三个壸门（请注意，很多出版物将"壸门"印成"壶门"，一笔之差，谬之万里。古代皇宫中的道路称为"壸"，

"壶门"是皇宫的一种代称，文物上常有这种壶门的装饰），槽身截面呈"凹"状，供碾槽嵌置其中。碾槽为半月弧形，碾轴在其中来回滚动，以碾碎茶叶。你如果在中药店看见过碾药的药槽，就能想象出茶碾碾槽的形状和工作原理了。最下层是槽座，两端也是云状纹，同辖板上下呼应，规格一致。碾座底部有錾刻的铭文"咸通十年文思院造银金花茶碾子一枚并盖共重廿九两，匠臣……"清楚地告诉了我们它的制作时间、制作地点、制作人员等。

仔细看，你会发现茶碾部分錾刻了精美的花纹：在辖板那宝珠形捉手两边各有一只鸿雁，并有流云相伴；槽身壶门之间是相向的天马，周围也是流云；槽座周边是20朵扁平团花纹。所有纹饰都进行了鎏金。

与茶叶碾配套使用的碾轴，为纯银浇铸成型。供人手握的轮杆为中间粗，向两端渐渐变细的圆杆。在碾轮两侧和轮杆两端也装饰有花纹。轮杆一端还錾刻了"五哥"二字，这五哥是谁呢？原来，唐僖宗李儇是唐懿宗第五子，在册立皇太子前，宗室内以五哥相称，这铭文上的"五哥"就是唐僖宗。

茶碾的功能是饮茶时将茶饼碾成碎末。唐朝人饮茶是非常讲究的，在饮茶前，先要将茶饼用竹夹夹住，在炭火上炙烤，烤出茶饼的香气，然后将其放入干净的纸袋中封好，防止香气跑掉。待茶饼冷却后，才在茶碾上仔细地碾碎成粉末状待用。然而碾碎的茶末不可能大小、粗细完全一致，因此还要把茶叶末过罗筛，除去那些比较大的颗粒，这时茶罗就派上用场了。

鎏金仙人驾鹤纹银茶罗

这件茶罗呈长方形，为仿木质的箱匣结构，由盖、身（罗架）、罗、屉、底座五部分组成。罗盖顶部隆起，饰有两身飞天，罗盖的立

图 2-11　鎏金仙人驾鹤纹银茶罗（法门寺博物馆藏）

沿，装饰有一周流云纹。罗身两侧各錾刻了两位仙人，他们手中执幡，乘着仙鹤，遨游在流云之中。罗身两端，一端是山岳云气，一端是双鹤流云，营造出一种仙境氛围。罗身下面焊接着底座，上面共镂空了 10 个扁桃形壸门。屉是一个长方形抽斗，用以承接筛过的茶末，其面部装饰流云莲瓣纹。罗呈匣子形状，由双层框架加固丝织的罗底。这组茶具上多处刻画有"五哥"字样。

　　唐朝后期人们的饮茶方式有了改变，所以对茶叶末的粗细更为讲究。唐朝初年，承继了魏晋以来的"原始煎茶法"，也就是当水煮沸时，将茶叶末投入水涡中心，再加以搅动，适当煮一下后，水面浮现浮沫、汤花，茶香也发挥得恰到好处，就可以饮用了。这种煎茶的方法，在唐朝后期演变出更受人青睐的"点茶法"。古人将拿着水瓶向茶碗中冲水的动作叫"点"，唐朝"点茶叶"就是把茶粉末直接放入茶碗中，注入少许开水，调成糊状，然后再次注入开水，而且要一边注水，一边不停地用茶筅搅拌糊状的茶粉末，使碗中的茶末成为乳状，表面生成一层汤水花。这种点茶法是拿在手里一碗一碗地操作，比之煎茶的方法更有情趣，更适合休闲。在此基础上还演变成宋朝时的"斗茶"。无论是煎茶还是点茶，人们在饮茶时，自然是将茶粉末和水一起饮下的，所以就有了将饮茶叫作"吃茶"之说。

鎏金莲蕾纽摩羯纹三足架银盐台

该器物由盖、台盘、三足架组成。盖上比较奇特的是有一个和鸡蛋差不多大小的莲蕾形状空心纽，该纽分为上下两部分，有绞链相连，用于开合。纽的下部是盘绕的银筋与盖体焊接。盖面上錾刻了四尾摩羯纹，摩羯是一种兽首鱼身的动物，最早出自印度神话。这种纹饰传入中国后，在唐朝时期，其头部逐渐演变为接近龙头状，

图 2-12　鎏金莲蕾纽摩羯纹三足架银盐台（法门寺博物馆藏）

还给增添了翅膀。一般器物盖的沿部都是平的，这个盖却有规律地将一部分盖沿加大，制成卷起的荷叶状，还进行了鎏金，增加了美感。台盘浅腹，是盛放食盐的地方，边沿部分錾刻两周莲瓣纹，与盖沿的卷荷正好呼应。三足架是较粗的银筋，上端与银盘焊接在一起，足架中部又接出4个枝杈，枝头上分别是一尾摩羯铸件和一捧宝珠，造型比较奇巧。

茶具中为什么会出现盐台呢？这又涉及古人饮茶的习惯了。在唐朝以前，人们把茶叶放在水中煮，连水带茶叶一起喝下去，类似于现在喝菜汤。但煮熟的茶水比较苦，于是人们就在其中加入盐、姜、红枣、桔梗等，以去除苦味，有时还加入米、肉末。在唐朝中期，人们对茶叶的品质和饮用方法进行了改良，由煮茶叶改为煮茶叶末，也就是前面讲的"煎茶法"。唐朝时一般只放盐，不再加桔梗等，主要是为了保持茶的清香。人们往往趁热喝茶，以免茶香随热气跑掉。这种饮茶加盐的习惯，在"点茶法"的时候，继续保持。现代研究告诉我们，茶中有氨基酸，而盐有钠离子，这两者相互作用，会产生一种鲜味，也许它正是唐朝人追求的香气。现在一些游牧地区，喝奶茶时加盐，是不是也是这个道理？说到这儿，你明白为什么盐罐也是茶具了吧？

这套银茶具中，还有一个盛放细茶末的鎏金银龟盒和一柄舀取细茶末的鎏金飞鸿纹银勺，这里就不详述了。

总之，这一套鎏金银茶具的出土，不仅展示了唐代精美的金银器工艺，更使我们较真切地认识到唐代饮茶的风貌。再者，唐僖宗将如此珍贵的宫廷茶具供奉给法门寺，说明茶文化与佛教之间存在某种内在联系。

历史探索

《姑苏万年桥图》(局部)

上海外滩

日本画家绘对马海战相关图片

对马海战：日俄海上大厮杀

文 | 南京大学 陈仲丹

对马海战是装有铁甲、配有后膛大炮的新式军舰装备世界海军后，影响最大的海战之一，因交战地点位于日本和朝鲜之间的对马海峡而得名。交战双方的日本和俄国都称得上是海军强国，但海战的结果却出人意料。万里迢迢从波罗的海赶来的俄国远征舰队几乎全军覆没，而日本联合舰队仅仅亡矢遗镞。

万里远航的俄国远征舰队

1905年1月2日，被围困在中国东北旅顺港的俄国守军向日军投降。然而，由40多艘舰船组成的太平洋第二舰队，原俄国波罗的海舰队主力，正准备驶离港口，绕过非洲好望角，穿越印度洋来远东增援；停泊在沿途港口的10艘老式俄舰（太平洋第三舰队）也将加入进来。

太平洋第二舰队中有4艘新下水的巨型战舰，每艘排水量都是13516吨，是俄国有史以来最大的战舰。这种战舰的炮塔内安装了电动送弹机，几百千克重的炮弹不用人力就能送进炮膛，另外还装备了先进的无线电通信系统。不过俄远征舰队却空有一流的战舰，没有一流的将士。除了既有的兵员外，海军部还把不少从未见过大海的农民招募上舰，这只能寄希望于在漫长的海上航行途中进行演练来弥补。很快组建中的增援舰队就成为海军各单位清理门户的垃圾桶，原有海军中的各种兵油子、问题人物，甚至有革命党嫌疑的人，纷纷拿着其原长官粉饰的新履历前往新舰队报到。在为舰队饯别的宴会上，战列舰"亚历山大"号的舰长竟当众说出这样一番不中听的话："我们的舰队在路上会损失一半，即便不是如此，日本人也会击败我们。"增援舰队的目的地是俄国在远东的港口符拉迪沃斯托克（海参崴），整个航程有1.8万海里，却没有一个可以停靠的基地，因为按照国际法的规定，交战国的军舰不能在中立国港口停泊。这给舰队造成了一些困难，比如加煤问题不好解决，每次加煤都需在公海进行，舰队的后勤供应也受到严重影响。

太平洋第二舰队的远航过程中，舰上神经质的官兵总是感觉日本舰队就像影子一样跟在他们后面。在穿越北海时，俄舰船竟将正在多格尔沙洲拖网捕鱼的英国渔船，误认为是英国为日本定制的鱼雷快艇，将几艘英国渔船击沉，2人被打死，6人受伤。尽管英国渔民拼命呼救，渔船在熊熊大火中下沉，但俄舰却置若罔闻，从渔船附近驶过而不肯搭救，因为他们担心附近埋伏着日本军舰，认为尽快离开最安全。这一事件引起了轩然大波，英国舆论大骂俄舰队是强盗，即使在俄国付出了65万卢布赔偿后也未被原谅。1905年5月9日，俄太平洋第二舰队与第三舰队在越南的金兰湾会师，成为一支由 50 多艘舰船组成的庞大舰队。不过罗杰斯特文斯基却认为，将一些老旧舰船加入远征舰队，非但不能增强战斗力，反而会成为累赘，是"吊在脖子上的磨盘"。此时等待他们救援的太平洋第一舰队已在旅顺港覆没，救援使命似乎已不存在，但国内给他的指令仍是继续前进。

张网以待的日本联合舰队

这时日本联合舰队司令东乡平八郎正站在港口内的"三笠"号旗舰舰桥上，考虑下一步的作战计划。东乡是旧时日本萨摩藩（鹿儿岛藩）人，少年时在横滨向英国人学习英语，后赴英国留学，毕业于格林威治皇家海军学院。他把拿破仑战争时期的英国海军名将纳尔逊当作楷模，在战术上推崇英国海军"攻击至上"的传统。

图 3-1 东乡平八郎

东乡平八郎从直觉上感到俄国远征舰队会经过对马海峡，决定以逸待劳，在这里等待俄国舰队决战。他让联合舰队的舰船返回日本的吴港基地进行维修和保养，对战列舰和装甲巡洋舰等主力舰优先检修。工人们不分昼夜地干活儿，更换主副炮损坏的炮身，修补船体的破损，拆换被打坏的装甲板，调整长时间使用以致磨损严重的蒸汽机部件。剥离附着在船底的海草和甲壳类生物，重新粉刷防锈漆，更换有问题的铆钉。在占领旅顺后，日军还将沉没在港区水域的俄军舰打捞出水，进行彻底的清理和修复，然后将其编入联合舰队。联合舰队驻扎在日本北九州的佐世保港,这是联合舰队的组建之地和起航之港,也是日本列岛最接近朝鲜半岛和中国大陆的地方。

接着,东乡又让属下的官兵休假一个月,其后再进行强化战术训练,着重提高与俄舰队对抗的能力。他训示部下:"我联合舰队不怕敌人不来,而是怕我们准备不充分。我等锐意提高战斗力,当此新来之敌,除击破外,无他选择。"为了辨识敌舰,他让人将俄舰队主力舰的舰形描摹下来,反复让水兵熟悉,并记住舰名。训练中他强调要提高炮手射击的精度,声称"一门百发百中的舰炮,胜过一百门百发一中的舰炮"。日军舰船上的炮手在4个月内为练兵打掉了国内炮弹储存的一半。而这时在东非海岸外操练实弹射击的俄国舰队,因为水兵的军事素质差,却是打了几百发炮弹也无一命中靶船,倒是拖带靶船的巡洋舰差点被打中。日军还加强了有关鱼雷艇的攻击训练。当时的鱼雷技术落后,航速低,射程近;作战时鱼雷艇往往因畏惧敌舰火力而在过远的距离发射鱼雷,导致被敌舰规避。而此时鱼雷艇训练的重点是如何利用混战或夜幕的掩护伺机发起近距离攻击。

1905年5月22日,俄国庞大的舰队进入日本海。当时去符拉迪沃斯托克有两条路线可走,一条是东行太平洋,绕过日本列岛;另一条是径直从对马海峡穿过,直奔符拉迪沃斯托克。后一条路线是捷径,但也更危险。俄舰队司令罗杰斯特文斯基决定走直接的路线,穿过对马海峡到达符拉迪沃斯托克,这正中东乡的下怀。冒险穿越对马海峡是罗杰斯特文斯基的无奈选择,因下属官兵的士气低落,他决定铤而走险抄近路。俄军舰队士气的低落在一个水兵的日记中被不加掩饰地表露出来:"没有人期望能打败日本人,想必连中将自己都不抱那种念头……我认为他只是想着将舰队带到符拉迪沃斯托克,尽到他对沙皇的职责……我们远离故乡,看不到任何胜利的希望。"东乡的智囊人物是他的作战参谋秋山真之,秋山认定,基于"俄国舰队构成复杂、行动不便"的现状,俄方不会带着一大队运输船绕行日本外海。

冒险的"敌前大回转"

几天后的5月27日,日本侦察船终于发现了俄国舰队的踪迹。一艘俄国医疗船违反灯火管制被发现,一场不可避免的血战爆发。在获悉战况后,秋山真之执笔以东乡平八郎的名义向日军大本营拍发过一份电报:"接到发现敌舰的警报,立即出动联合舰队击灭。本日天气晴朗,但波浪却高。"当天上午,罗杰斯特文斯基发现日本哨舰,立刻下令全舰队排列成单纵队形。当天中午,他判断日本舰队可能以横队队形前来攻击,于是命令舰队再变成横队队形。舰队正在进行复杂的机动动作,他忽然又下令全舰队恢复成单纵队形。这样几次三番变换队形,使俄国舰队陷入了混乱。

下午1时35分,就在俄国舰队又忙着调整队形时,东乡率日本联合舰队主力呈纵列出现在俄国舰队右前方。这时东乡效法纳尔逊在特拉法加海战中的做法,在他乘坐的"三笠"舰上升起信号旗,打出旗语:"帝国兴废在此一战,全体将士务必努力!"据日本海军史料载,当时"全体舰队将士睹此信号,无不感激思奋"。两支舰队的距离越来越近。东乡做出一个让身边幕僚目瞪口呆的决定,下令日舰在距敌舰8000米的地方突然左转舵,进行违反常规的"敌前大回转",整个舰队在海面做了一个U形大转弯,以便抢占有利的攻击位置。东乡这样做很冒险，使日舰一时间处于俄舰火力的威胁之下，而在转弯中的日舰无法有效还击，顿时成了活靶子。转弯花费了 15 分钟，俄舰开炮，领头的"三笠"舰多次被击中。一发炮弹落在舰桥附近，四散的碎片击倒了东乡身边的几个水兵。东乡坚持站在舰桥上，半眯缝着眼，手按在指挥舰桥上的磁罗经台上，将他那身高不到 1.6 米的身板挺得笔直，命令向舰队发出"不惜一切代价完成转弯"的信号。由于俄舰正处于变阵的混乱之中，加之海上风大浪高，射击技术本来就不精的俄军炮兵很难瞄准目标，没能抓住这一难得的机会重创日舰。

12 艘日舰完成大转弯后，渐次采用抢占 T 字横头的战术掠过俄国舰队，开始排成横队与俄国舰队平行前进，这样便于发挥全部侧舷火力的威力。在日本舰队的转向过程中，俄国舰队虽曾打伤日本两艘巡洋舰"出云"号、"浅间"号，但在其完成转向后，日舰利用其较高的航速和射速，夺取了战场的主动权。当时的天气、风向和阳光都对俄国舰队不利，日舰是背对阳光，顺风开炮，俄舰则是面对刺眼的阳光，逆风开炮。而且日舰炮弹用的是"下濑火药"，这是一个叫下濑雅允的日本人发明的以苦味酸为主要成分的新型火药。与欧美通用的硝化棉火药相比，装填下濑火药的炮弹虽然穿甲力较

图 3-2 对马海战激战场景

差，但灵敏度极高，爆炸效果好，其炮弹的发射速度也快得多。

下午两点多钟，东乡下令开火，日舰立刻万炮齐鸣。与乱哄哄的俄舰炮击不同，日舰炮手已把射击数据算得很准。尽管海上西南风大作，舰体大起大落，瞄准很困难，但日军炮手凭借几个月的实弹苦练，硬是准确地击中了俄舰。俄海军上校谢缅诺夫当时说："一枚日本炮弹充分爆炸所造成的破坏，相当于我们12枚充分爆炸的炮弹，而我们的炮弹又很少能充分爆炸。"在海战中俄舰重炮发射了不少哑弹。在日舰上观战的英国军官事后回忆："暴风雨般的炮弹准确地落在俄国先导舰上，它立刻就被火光和黑烟包围。炮弹是如此密集，我已经不能计算出到底有多少命中了目标。"性情"猛烈"的日军炮弹接连在俄舰的甲板上爆炸，黄烟弥漫，俄舰表面染上了一层淡黄色，海水也随之变色。半小时后俄旗舰"苏沃洛夫"

图3-3　俄舰被击中

号受重创退出战斗。舰上的罗杰斯特文斯基头部负了重伤，不省人事，被转移到一艘驱逐舰上。很快战列舰"奥斯利亚比亚"号成为第一艘沉没的俄舰。

下午晚些时候，两支舰队的巡洋舰投入战斗。航速更快的巡洋舰相互近距离捉对厮杀。日舰有16艘，俄舰只有8艘，双方在混战中互有重创，两艘日舰受创后退出战斗。俄国舰队在被动挨打的情况下，多次企图摆脱截击的日舰，但因航速慢没能成功。日舰发射的大口径穿甲弹在俄舰四处造成了严重的损伤。几艘俄舰向南逃逸，有的逃到上海，有的逃到马尼拉，均在当地被解除武装。下午5时许，两舰队的主力舰再次相遇。已被重创的"博罗季诺"号被"富士"号的重炮击中，发生猛烈爆炸，迅速下沉，全舰只有一人生还。在"博罗季诺"号上，"主弹药库引起的连续爆炸使这艘舰看起来像是一座正在喷发的火山……不停地会有一些暗红色、橘色的残骸从船体上被炸飞，在黑色的天空映衬下格外耀眼"。晚7时20分，已失去战斗力的"苏沃洛夫"号遭到攻击，在不断的爆炸声中沉入海底，最初幸免一死的海军官兵这时全部落入水中。经过5小时的激战，日本联合舰队以极小代价取得了决定性的胜利。俄舰队的12艘主力舰仅有7艘幸存，但大多已丧失作战能力，新下水的4艘战列舰已沉没了3艘。

入夜后东乡命令重型战舰停止战斗，派出70多艘鱼雷艇和驱逐舰尾随残存的俄国舰艇发起攻击。这些小型舰艇白天没有参加作战，此刻正可大显身手，在俄舰中来回穿行。有一位俄舰舰长记述了他对这些小舰艇的印象："与战列舰相比，它们好像是小孩的玩具，而就是这些看上去像玩具的小船，每一艘都有着可怕的杀伤力。"为了确保准确性，日军鱼雷艇不顾危险，冲到离目标很近的距

图 3-4　双方近距离激战场面

离才发射鱼雷。俄水兵平日缺乏不开探照灯反击鱼雷艇的经验，所以打开探照灯后立即就成为鱼雷艇瞄准的目标，接二连三被射来的鱼雷击中。彻夜的激战日本只损失了 3 艘鱼雷艇。

第二天清晨，躲过恐怖的"鱼雷之夜"的俄国残余舰艇向北逃窜，又遭到东乡率领的主力舰队的拦截，12 艘俄舰投降。此时代替罗杰斯特文斯基行使指挥权的涅鲍加托夫已丧失斗志，下令对日舰队的炮击不再还击，命人将一块白布挂到桅杆上。下午 1 时，他又去日军旗舰"三笠"号上签署了投降书。以俄国海军英雄名字命名的"乌沙科夫海军上将"号拒绝投降，在与日舰激战一小时后自沉。"绿宝石"号的官兵也不愿投降，加速冲出包围圈。为躲避日军,该舰被迫绕道,航行中燃料用尽,在距符拉迪沃斯托克150海里处触礁搁浅,水兵们被迫将其炸沉。随后,逃亡中的罗杰斯特文斯基也成了俘虏,被送往佐世保的日军医院。

52艘俄国舰艇中只有3艘（1艘巡洋舰、2艘驱逐舰）逃到符拉迪沃斯托克,另有6艘逃到中立国港口,其余的都被击沉或被俘,损失总吨位达到20万吨。俄国官兵1万多人受伤、被俘,4800多人阵亡。日本方面只损失了3艘鱼雷艇,总吨位不到300吨,死伤不到1000人。对马海战创下了世界海战史上战舰损失最为悬殊的纪录。对此结果,当时的美国总统西奥多·罗斯福在写给好友的信中这样慨叹："我们当中有许多人都认为,两国舰队交战时双方获胜的希望几乎是相等的,俄国人获胜的希望似乎还要大些,至少是日本人的战舰将遭到巨大损失。可是谁也没有料到,这与其说是一场交战,不如说是一方全军覆没。"

俄远征舰队全军覆没,俄国被迫求和谈判,签订了《朴茨茅斯条约》,日俄战争结束。1905年10月20日,日本联合舰队主力驶抵横滨港。两天后的上午9时,东乡平八郎带各司令长官和主要幕僚由横滨出发,乘火车一个小时后到东京。在皇宫,他向天皇汇报联合舰队的作战经过,将胜利归功于天皇的"德威之所致"。第二天,天皇去横滨检阅舰队,其中有被俘获的俄国军舰。不久,用于临时作战的联合舰队解散。在解散时,他谈到这次海战获胜的秘诀,又旧话重提,即"武力所以为物,不仅在于舰艇上的武器,而且在于活用这些武器的无形的实力。一门百发百中的舰炮,胜过一百门百发一中的舰炮"。战后东乡平八郎获得盛誉,晋升为元帅,86岁在东京家中寿终正寝。日本人集资在对马岛上为他建了一座巨型灯塔,以扼守对马海战发生的海域。而罗杰斯特文斯基在日本战俘营

图 3-5　对马海战相关日本宣传画

待了一段时间后回到俄国,在军事法庭上受审。他自比为"狗",称他所率舰队的惨败是因为"让狗去干了马才能干的活儿"。审讯后他被勒令退役,3年后在凄凉的光景中去世。东乡曾去看望过罗杰斯特文斯基,对他慨叹:"带领这样一支舰队绕过大半个地球……我是做不到的。"这一海上大战对俄国海军是毁灭性的,使它损失了大多数的主力舰。海战的惨败还引发了俄国的1905年革命,并成为1917年最终推翻沙皇统治的动因之一。正如列宁所说:"没有1905年的'总演习',就不可能有1917年十月革命的胜利。"

外国银行：大清的隐性"中央银行"

文 | 湖北大学历史文化学院 张欣冉

  1847年，第一家外资银行——丽如银行在上海设立分行，此时的中国人还没有意识到，这种自大洋彼岸漂泊而来的新鲜事物会怎样深刻地改变中国的金融生态，进而动摇传承数百年的传统汇兑习惯，缔造出崭新的金融模式。在大清银行诞生前的数十年间，外国银行实质上拥有了货币发行、国际汇兑等多项特权，逐渐变成大清的隐形"中央银行"，在不知不觉间形成了对整个帝国的金融渗透。这与中国的本土金融生态产生了剧烈碰撞，很多人感到无所适从。有的人坚持固守传统，按照旧有的经营模式维系着既有的传统，努力抵御着外国银行的侵入。但也有一些有先见之明的人意识到，外国银行在组织制度和管理模式上都具有先进性，一味地视而不见并不可取，必须积极地汲取其中有益的部分。于是传统的票号钱庄逐渐开始进行转型，中国的金融市场迎来了艰难的蜕变。

图 4-1　开埠时的上海外滩

在华崛起的外国银行

❶ 汪敬虞：《十九世纪外国在华金融活动中的银行与洋行》，《历史研究》1994年第1期。

　　百年以来，很多人思考过，西方银行的成功到底是缘于什么？而中国旧式金融机构的失败又有何深层原因？或许我们能够将其看作是先进金融制度对落后金融体系的碾压，似乎只要我们也拥有了银行，然后把西方的那套模式照搬过来，就能让中国金融业重焕生机，但这一论断并不十分准确，因为汇丰登陆中国本土40年后，中国第一家按照西方模式成立的银行——中国通商银行并没有达到预期的辉煌效果。据统计，中国通商银行运行效率远低于汇丰银行，差距甚至达到了5至25倍之多，这是十分惊人的。❶ 排除掉双方资本数额的巨大差距，以汇丰为代表的外国银行展现出的高资金周转率和低坏账率的特征，更是国内银行无法企及的。较高的资金周转率能使同样的资本承担起较高数额的资金往来，进而提高银行的综合效益；而低坏账率则是银行综合风控能力的体现，能使银行最大限度地规避风险、减少损失。两者相辅相成，共同构筑起帝国的金融大厦。

虽然就现实而言，两者在大部分时间里是矛盾的，而外国银行之所以能够兼顾二者，得益于它们背后国家力量的支持。毕竟这些银行当初进入中国时，就未曾抱着单纯只是金融机构的目的，有的是为了服务于本国在东方的殖民地利益，例如法兰西银行；有的是充当对华资本输出的工具，例如日本正金银行和华俄道胜银行；还有的就是为打理对华借款合同而专门成立的，例如德国德华银行。英国系的汇丰等银行虽然自称拥有不受政府干预的光荣传统，但没有人能否认，他们在处理英国对华借款、打理中国海关、保障英国商

图4-2　上海外滩英商汇丰银行旧址暨上海浦东发展银行

民利益等方面始终是英国外交部与财政部的亲密战友，双方的密切合作关系早已是尽人皆知了。作为回报，汇丰也能方便地从伦敦得到最新的市场形势情报，并做出规避性的风险抵御措施，这不是每家银行都可以做到的。

正因为背靠实力如此雄厚的靠山，外国银行与半民间背景的通商银行相比，有着巨大的天然优势。其中一个很显著的例子就是借贷。众所周知，自近代以来，由于清政府连吃败仗，财政状况入不敷出，巨额军费和赔款往往要向外国借贷才能补齐。汇丰银行正是靠着与英国政府的特殊关系大发战争财，特别是清政府与英国敌对的国家作战时，汇丰会显得特别"慷慨"，中法战争时期汇丰银行向清政府借款近两千万两，甲午战争时也借出1000万两加300万英镑。❶ 算上利息收入，汇丰可以说是收入颇丰。

而且作为一家世界性的公司，汇丰深谙"鸡蛋不放在一个篮子里"的投资原则，在国外开设若干分行，并且不断通过兼并、入股等方式探索金融以外各领域的业务发展，以多元化的方式对冲风险，逐渐夯实着这座金融大厦的地基。这些手段在经历实践验证后，迅速被其他各国银行学习，很快便普及开来，使得外国银行在中国的生意越做越大。

这段时间中国传统的钱庄票号处境更加艰难。本来双方的业务就有很多重叠之处，随着外国银行大举进入内地，钱庄票号原本倚重的汇兑业务也受到很大

❶ 姜建清、蒋立场：《近代中国外商银行史》，中信出版社2016年版，第43—54页。

冲击。实力不足又想重振雄风，资本雄厚的外国银行趁机以较低的利率向其拆款，很多钱庄抵挡不住这种诱惑，接受了这种条件。可天下哪有白吃的馅儿饼，作为交换条件，外国银行拿到的庄票并不是定期兑现，而是随时可兑。如果钱庄资金受困时，外国银行突然拿票前来，要求马上兑换，那无疑将是致命一击。这样一来，钱庄命脉皆握在外人手中，不得不仰人鼻息。外国银行收放自如，轻轻松松地控制了行市。

发展到后来，中国钱庄都习惯于拿外国银行的钱来维持经营，即便明知眼前是陷阱，因惧其挟制，也不得不跳。但凡要进行国际汇兑，商人们第一个想到的就是外国银行。就连大名鼎鼎的山西票号也常常受到挟制，影响之大可见一斑。

更为严峻的是，外国银行不仅要当国际汇兑市场的老大，甚至还要做游戏规则的制定者。在当时的上海，有一幕十分讽刺的景象：汇丰银行每天9点半公布外汇牌价，一大群中国商人在楼下翘首以盼地等着，待到牌价公布就迅速散去，将其视为每日交易的准绳。

也难怪后来有人认为，外国银行举着拆款的大棒盯着钱庄，稍有不慎即大加鞭挞，它们的存在深刻地影响着中国的汇兑体系和支付结算体系，俨然已有了中央银行的做派。❶事实上在真正的中央银行——大清银行出现前，汇丰等外国银行的确是最接近中央银行这一角色的，作为一群并非发源于中国的金融机构，它们却难以置信地拥有在一定范围内调控金融市场、监

❶［日］滨下武志：《近代中国的国际契机：朝贡贸易体系与近代亚洲经济圈》，朱荫贵等译，中国社会科学出版社1999年版，第84—86页。

督本土金融机构、划定牌价的特殊权力，可见金融主权之沦丧已到了何种地步。

正是得益于成熟的管理模式与雄厚的资金支持，外国银行自进入中国伊始，就迅速地展现出对金融市场的强大控制力，这都是中国传统钱庄票号所无法比拟的。正如同它们在很多欠发达国家和地区所做的那样，利用其资本优势逐步形成金融垄断，并达到控制整个国家经济命脉的目的。

币权与国权

西方银行大举进入中国，扩张其经济版图的工具就是纸币。这些印着花花绿绿洋文的纸币通行于中国各地，其数量之多、种类之繁难以想象。最早在华发行纸币的是丽如银行，正面为英文，背面为中文，从19世纪40年代开始，先是在香港及粤东一带发行，然后渐次向内地衍生。这让当地的老百姓开了眼界，不同于在当地已经流行多年的外国鹰洋，以纸币的形式出现的外国货币相当罕见。大人小孩们无不好奇地把玩着这写满神秘文字的纸片，英国人一开始还很担心中国人是否会接受这种从未见过的钞票，不过他们显然是多虑了，中国各省乃至各银号都能够发行打上自家标识的银票，只要是具有一定资质信用的单位，都能在官方许可的范围内使用。丽如银行作为在中国正式"上市"的金融机构，在程序上并无问题，而在民众的接受度上，除了文字有所殊异，老百姓也并不觉得这家所谓"银行"与其他票号有什么不同。况且清政府此时对"BANK"一词还没有形成什么明确的概念，因此也就将它同一般银号同等看待了。

这一发现让英国人欣喜不已，所以大力开动印钞机，发行量从 1845 年的 56000 元增至 1857 年的 342965 元，从这可以看出英国的金融扩张策略大获成功。❶ 整个 19 世纪 50 年代，是丽如银行的急速扩张期，因为整个中国大陆能够发钞的外国银行只此一家，别无分号。

但很快，另一个强势发钞银行——汇丰银行的到来，彻底改变了中国货币市场的格局。英国人已累积了很成熟的发钞经验，钞票印制精美且难以仿制，又有英国政府和军队做靠山，一开始就有很好的基础。而且汇丰不像别的金融机构那样盲目扩张，在那个国内金融机构都不知道准备金是何物的时候，汇丰银行却对此十分重视，在资本金早已充足的情况下，仍不断增资以扩充准备金，并且明确规定发行额不能超过实付股本数，同时要有不少于发行总额 1/3 的硬币或金银存于香港总行作为准备金。❷ 这是其敢于不断增发纸币的重要底气，并逐步成就汇丰银行信用高的名声。而拥有如此雄厚资产的背后是汇丰对存款业务的特别重视，一般而言，相较于更加赚钱的国际汇兑或者贷款业务，存款业务并不为当时大多数金融机构所看重，可汇丰却反其道而行之，大力吸收存款，不管数额多少，均来者不拒，汇丰银行的存款额从 1865 年刚开张时的三百三十余万两猛增至 70 年代末的两千万两，也给发钞提供重要支持。❸

❶ 周静芬：《入侵中国的第一家外国银行——丽如》，《浙江师范大学学报（哲学社会科学版）》1986 年第 2 期。

❷ [英] 毛里斯、柯立斯：《汇丰银行百年史》，李周英等译，中华书局 1979 年版，第 164 页。

❸ 张国辉：《晚清钱庄和票号研究》，社会科学文献出版社 2007 年版，第 120 页。

图4-3 老照片 汇丰银行办公楼

❶ 刘诗平:《汇丰金融帝国：140年的中国故事》，中国方正出版社2006年版，第25页。

❷ 王培:《晚清企业纪事》，中国文史出版社1997年版，第352页。

任何金融机构都想要扩张自己货币的使用范围，但像汇丰这样稳扎稳打、步步为营的却实属少数。1874年的时候，汇丰的发钞额就占到上海四大发钞行——丽如、麦加利、有利、汇丰中的一半以上，发钞历史最悠久的丽如还没有汇丰的1/4多。❶ 随着时间的推移，基本上所有的通商口岸都能见到汇丰的钞票，那些零零散散的民间钱庄票号越来越难以抵挡，以至于很多交易中，商人会明确提出要汇丰钞票，而非钱庄所发钞。❷ 清政府也拿这种情况没办法，这种市场自发形成的局面，根本超出了其监管能力范围，只好默许下来。既然发多少，中国市场就接受多少，外国银行更加无所忌惮，各国纷纷效仿。于是印着不同国家洋文的外国钞票在国内迅速蔓延开来，甚至占据了中国货币市场的半壁江山,这给本来就乱成一锅粥的中国货币体系再次火上浇油。

当然,丽如和汇丰也只是英国人用以投石问路的那颗石头,此时其试探的目标已经达到,接下来就是外国银行蜂拥而至的时刻。其他列强陆续在自己的地盘上开设银行发行钞票,试图将中国的经济权益也一步步瓜分豆割。19世纪80年代法国东方汇理银行发行的法兰西属印度支那银元,从越南地区一步步向中国西南边陲挺进;德国人为对华专门建立的德华银行纸币以山东为基地,逐步向周边各省扩散;日本的横滨正金银行纸币则主要活动于华北、东北等地区,因与中国的银两与银元挂钩,还赢得了"正钞"的美誉。吞并朝鲜半岛之后,日本也指示受其操纵的朝鲜银行发行纸币并使纸币在东北地区流通;而俄罗斯与中国有广阔的陆地疆域相连,更加方便其纸币投送,1895年华俄道胜银行成立后,便大力向中国输出卢

图 4-4 华俄道胜银行

布，在西北被称作"羌贴"，在东北类型更多，有"沙皇贴""黄、白条子"等各式纸币，不过听名字就能看出，当地人对这些卢布并无多少好感。在20世纪头几年俄国则专注于与日本围绕着中国东北权益展开激烈斗争，卢布与日钞在东北市场上交替出现，堪称日俄战争的序演。此外还有荷兰、比利时等国家也不甘示弱，加入这场激烈的纸币大战中，甚至从中捞到了不少好处。

而后起之秀美国同样不甘示弱，而且其野心更大，认为自己的银行也要匹配美国蒸蒸日上的国力，甚至要排除英国等老牌列强在经济上的垄断，一举打破美洲和亚洲之间的贸易屏障，成为洲际贸易的控制者。为此，美国专门委托商人米建威面陈李鸿章，计划开办华美银行，当然最后遭到悲剧性的失败。眼看着在中国的金融竞争中处于不利地位，美国只好在20世纪初令花旗银行专门在华发行纸币，才勉强挽回一点颜面。

这些形形色色的外国银行纸币大致可以分为两种。一种是专门为中国市场定制，直接在华发行的纸币，它们一般与中国的银两制钱相挂钩，两者间有固定的兑换比率，所以更易于为人接受，在华普及程度高的纸币多半属于这一类，比如英国汇丰、德国德华与美国花旗等皆采用此办法。它们在中国有着稳定的发钞行，所以纸币的地位也高，在很多地方都拥有着市场流通货币的资格。但这一类纸币的危险也是最大的，外国人可不会考虑中国人的权益，他们会利用自己的纸币在中国市场大肆套取物资，也会以操纵货币发行量的方式来扰乱市场秩序。还有一种是在本国同样通行的货币，不跟中国的银两制钱挂钩，一般是从边境地区渗透进来的，危害性要小一些，比如俄国的卢布和日本的金元。但不管是哪一种，都必然会对中国的金融安全造成严重的威胁。

一时间中华大地到处都是彩旗飘飘，"花旗纸""安南纸""荷兰纸""日本纸""暹罗纸"随处可见，不知道的还以为到了一个钱币万国博览会。它们彼此之间你争我夺好不热闹，偌大的中华大地竟成为外国资本驰骋的疆场，潜藏于暗流之下的金融战争较之战场上的刀光剑影亦毫不逊色。甚至时人惊呼："中国之生命死于外国之纸币！"❶

随着外国银行纸币在中国市场上的份额越来越多，外国人在中国享有的特权越来越大，很多外国银行开始不仅仅满足于做一家有"局部影响"的银行，而是希望能够排挤掉其他竞争对手，得到清政府官方的承认，成为大清帝国真正意义上的法定货币。

1909年，就出现过这么一件事，在各国金融机构云集的上海，竟然出现了各国外交官和金融业者一同抵制中国钞票的事情。当时信成、信义两家中国本土的商业储蓄银行打算在上海发行钞票，不承想却遭到外国领事的嘲笑："发行有无限制？准备金多少？商办银行有无发钞资格？"甚至还放出话来，除了中国通商银行的钞票之外，其他中国官商银行发行的钞票一概不予承认。❷

在中国的土地上发钞却被外国人抵制，很难想象这是一个主权国家会发生的事，故引发了国内银行界的轰动。这一事件造成了巨大影响，甚至外务部都得知了，从而演变成一次外交纠纷。上海道台蔡乃煌和两江总督端方都对这种说法表示强烈抗议，他们代表

❶《时评》，《申报》1911年8月7日。

❷ 中国人民银行总行参事室编：《中国近代货币史资料》第1辑下册，中华书局1964年版，第1089页。

❶ 中国人民银行总行参事室编：《中国近代货币史资料》第1辑下册，中华书局1964年版，第1090页。

中国金融界发声道：长期以来，外国银行在中国境内任意发行钞票，中国人可没有予以歧视。现在外国银行居然反过来抵制中国银行发钞，置中国人的宽宏大量于无视，置中国之金融主权于无睹，简直是岂有此理！"今各国银行忽创议抵制不用中国钞票，喧宾夺主，实足骇人听闻！"❶ 如果答应了这种无理要求，必然会导致各界群情激愤，引发严重后果。所以清政府展现出罕有的强硬态度，拒绝了外国银行的无理胁迫。此时上海开埠已然过去半个世纪，货币金融理论的传入让大多数有识之士认识到，货币主权关乎国家安危，绝不能对外国银行钞票放任自流。可应采取怎样的方法抵制呢？以清政府的国力而言，一刀切的全盘禁止肯定是做不到的。所以有人提议，清政府要立法限制外国银行的发钞数额，还要派人去调查清楚其准备金情况，限定其发行范围，外国银行只能在有分行的通商口岸发行，不得深入至内地。此外还有缴纳发行税、要求其注册考核等办法。不过这种想法放在当时的社会环境下，实在是有些天真了，如果清政府真的有办法予以限制，如果外国银行真的那么好拿捏，又何至于面临如此窘境？

还有一种办法是支持本国地方银行崛起，依靠其本土优势和外国银行作斗争。这种办法稍微靠谱些，清政府一直也是这么做的，其成果就是各地兴建了一大批官银钱号。但最后也是成果有限，官银钱号在实力上并不足以和外国银行相抗衡，发行的货币亦无法有效地占领市场。相反还产生了副作用，各省官银钱号往往成为各省实力派和中央叫板的金融工具，而且它们的纸币滥发情况也十分严重，把市场搅得乌烟瘴气。

无论是外部禁止还是内部扶持都行不通，清政府只好再找商人商议，会上大倒苦水，直言如果外国银行钞票再不作限制，那中国经济危矣，中国工商业危矣。商界很理解清政府的苦衷，在外国钞票横行中国的数十年间，外国人可以随意用其套取物资，操纵市场价格，影响汇率，中国商人们天天得盯着外国大银行门口的汇价牌决定今天的生意走向，所以多数人还是乐意配合清政府进行保卫货币权的策略。而在具体的办法上，开始尝试的是空间隔离，即在发钞地以外的地方，大家自发拒用外国钞票，然后随着时间的推移，逐步向外国银行的核心地带压缩。但管得了大的，却管不住小的，货币如水，只要有需求的地方就会无孔不入。各地频繁的往来贸易决定了这种趋势，单靠一纸强硬的行政命令并不足以堵住全部的渠道，所以空间隔离并不可行。另一种办法是时间限制，即规定外商银行钞票只能在一定时限内生效，超期以后就不能再使用，但现实情况是根本找不到有足够影响力的替代品，所以还是少有人遵从。商人们并非不想为国家分忧，他们同样希望外国钞票一统江湖的日子早日结束，但更多人关注的是自己的切身利益，清政府并无反击外国钞票的有力手段，又没有强大的中国钞票足以抵制外钞，商人们除了继续使用，别无他法。

此外，外国银行也没有在"袖手旁观"。它们发动舆论攻势，声称中国金融机构的发钞会造成通货膨胀，是蓄意扰乱市场的行为，并买通一些文人为其作势，似乎中国放弃抵抗，完全接纳外钞才是应当的。双方你来我往，吵作一团，直到民国建立之后，这场未完的官司还在持续。

这场纷争看似是不同金融机构之间的发行权争端,实际上是货币主权的争夺。中国的银行在自己国家的土地上,却不能拥有外国银行那样的发钞权,本身就颇显黑色幽默。可在当时主权沦丧、国将不国的大背景下,这种事情的出现又是那么自然而然和顺理成章。

外国银行的另一面

不过要说外国银行完全没起到什么积极作用,自然是片面的,它们和当时进入中国的许多新鲜事物一样,都具有两面性。很多中国民众看到外国银行的运行方式,才知道原来金融还有这种玩法。其一是将储蓄转化为投资。以往中国人攒下一笔积蓄后,习惯于买房买地,或者将钱存入钱庄票号中生利息,绝大多数用于消费。而银行的一个重要功能就是拥有金融手段实行金融性融资,将存储于银行内的资金灵活运用起来,转化为贷款和投资,再投入社会经济各部门。一些西方国家早已发现了这种手段的妙用,所以大力鼓励银行参与投资,扩大社会再生产,从而实现经济快速且稳定的发展。外国银行在中国基于自身利益的考量,同样是如此做的,它们在大量吸收中国人民存款的同时,也向中国的工商企业放款,有力地促进了国内工商业的发展。

其二是降低信贷利率。对于中国以往的钱庄票号而言,它们的主要赢利手段就是放贷时收取的利息。但它们中绝大多数不具备很高的资金量,所以金融市场上长期处于供小于求的状态,所以钱庄票号们借此机会标定了很高的贷款利率,甚至故意放出高利贷,私人放款的月利率平均能够达到 4%—6%，甚至 8% 的程度。❶ 如此高的利息，无疑会对国内工商业的发展造成重重阻碍。而外国银行来了之后，这些情况得到很大改观，它们的资金量远非普通钱庄票号可比，所以放贷利息也远远低于常规水平。1865 年，汇丰银行对私人或公共机构的贷款年息仅有 10%，换算下来月利率还不到 1%，其他外国银行提供的贷款利息大致也在这个水平。即便是清政府最为头疼的对外借款也同样如此，外国银行把清政府视作肥羊，提出了在它们看来很高的 12% 的年利率，但实际上同时期欧洲盛行的水平还停留在每年 6%—8%。❷ 没想到清政府欣然答应，原因就在于这个利率仍然远低于中国传统的利率水平，即便到后来华商银行兴起时，也得按照这个规则行事。自此之后，大城市及其沿海地区的工商业者开始享受到低利率带来的好处，工商业发展大为加速，这种状况在开埠口岸变得尤为明显，缔造出一个个发达的商贸港口。在外国银行的竞争下，钱庄票号们为了维持经营，也不得不持续下调贷款利率，促进社会投资增加，为工商业发展注入一针强心剂。

最重要的是，外国银行的进入给中国本土的金融机构提供了一个很好的借鉴机会。就组织模式而言，外国银行有的采取"特许"模式，拿着本国政府的特许状组建起来，享有着特殊地位与权益，比如丽如银行；还有的采取股份公司模式，将总资本分作若干股，每股若干元，让股东们认购，比如汇丰银行。这让主要

❶ [美] 郝延平:《中国近代商业革命》，陈潮等译，上海人民出版社 1991 年版，第 119 页。

❷ [美] 郝延平:《中国近代商业革命》，陈潮等译，上海人民出版社 1991 年版，第 123 页。

图 4-5　20 世纪 30 年代的上海外滩

由个人独资或合伙形式组成起来的钱庄票号一时间无所适从，在体量上根本不能与其相抗衡。而外国银行基于现代商业准则所建立起来的用人标准，更是对以血缘为纽带的钱庄票号造成降维打击。意识到银行制度有这么多优势之后，中国人才萌发了自建银行的想法，这也促成了中国第一家银行——中国通商银行的诞生。

近代外国银行在中国的扩张生动地证明了一件事情，即一国之主权，在于经济，在于货币，亦在于金融。只有牢牢把握金融主权，审慎调整对外国银行的政策，才能守好老百姓的钱袋子，在国际经济战、货币战中占得先机。

透过"国家名片"看20世纪80年代以来体操运动在中国的发展

文 | 天津博物馆 苏芃芃

现代体操兴起于18、19世纪,大致可分为竞技体操、艺术体操和基本体操等。国际体操联合会,简称"国际体联",于1881年成立,是世界上历史最悠久、规模最大的体育组织之一。

体操是中国体育事业的重要组成部分。现代体操运动传入中国是在1840年鸦片战争以后。中华人民共和国成立后,体操运动在全国各地得到轰轰烈烈的开展。20世纪50年代,中国体操协会加入国际体操联合会,体操运动从此在中国进入了快速发展期,国际活动日益增多,中国体操运动员学到了新的技术,迅速缩短了与世界强队的距离,体操运动也开始登上被誉为"国家名片"的邮票。"文革"时期,刚刚崛起的中国体操运动遇到了困境,但教练员、运动员们在极其困难的条件下仍用各种形式坚持刻苦训练,为日后的发展打下了基础。70年代后期,"文革"结束,中国的体操事业重新恢复生机,开始在国际赛场崭露头角,小有成就。

中国重返奥运赛场

新中国成立初期，曾在1952年参加在芬兰赫尔辛基举办的奥运会。❶但是，受到冷战局势影响，中国没能出席1956年在澳大利亚墨尔本举行的奥运会，并于1958年中断了与国际奥林匹克委员会的关系。❷1971年中国恢复联合国合法席位后，重返国际奥运会被迅速提上了日程。1979年10月25日，国际奥委会执委会在日本名古屋召开会议，做出了恢复中华人民共和国在国际奥委会合法席位的决议。❸11月26日，国际奥林匹克委员会副主席穆罕默德·姆扎里在洛桑宣布，国际奥委会经过全体委员的通信表决，批准了执委会在日本名古屋做出的决议。❹中国恢复在国际奥委会的合法席位，是新中国体育走向世界的新起点，也掀开了国际奥林匹克运动的新篇章。从此，中国开始成为奥林匹克运动的积极参与者和奉献者。

1980年2月，中国重返奥运赛场，参加了在美国普莱西德湖举行的第13届冬季奥林匹克运动会。同年11月26日，中华人民共和国邮电部为了纪念中国重返国际奥委会一周年发行了J62《中国重返国际奥委会一周年纪念》邮票，全套5枚，影写版印刷，卢天骄设计。5枚邮票图案分别为："射击"（4分）、"体操"（8分）、"跳水"（8分）、"排球"（10分）、"射箭"（60分）。这套邮票设计新颖，具有浓郁的民族风格，画风近似于中国古代的浮雕拓片。图案以深棕色刻画出运

❶ 舒盛芳:《大国体育崛起及其启示——兼谈中国体育"优先崛起"的战略价值》，《体育科学》2008年第1期。

❷ 舒盛芳:《大国体育崛起及其启示——兼谈中国体育"优先崛起"的战略价值》，《体育科学》2008年第1期。

❸ 鲍明晓、李元伟:《转变我国竞技体育发展方式的对策研究》，《北京体育大学学报》2014年第1期。

❹ 王福刚:《新中国体育外交发展历程》，《辽宁体育科技》2011年第4期。

动员的外形，背景衬以不规则的白色曲线，并搭配艳而不俗的底色，使画面和谐生动，增强了人物的动感和力度，作为衬底的国际奥委会会徽——五环标志，象征着中国运动员将发扬奥林匹克精神，创造出优异成绩。其中，"体操"刻画了一位运动员完成空中跳跃动作的瞬间造型。画面中的运动员右脚尖着地，立体平衡，双臂犹如展开的翅膀，优美自然，矫健有力，洋溢着青春活力。邮票图案塑造了运动员矫健的形象，象征着中国体操队重返世界体坛后，将以优异成绩冲出亚洲、走向世界。

图5-1　1980年11月26日，J62《中国重返国际奥委会一周年纪念》邮票，"射击"（4分）、"体操"（8分）、"跳水"（8分）、"排球"（10分）、"射箭"（60分）

1984年7月28日至8月12日,第23届夏季奥林匹克运动会在美国洛杉矶举行。140个国家和地区的7616名运动员参加了这次体育盛会。❶比赛项目共21个大项,但单项数目从上届的203项增加到221项。❷新增加的18个单项中,男子6项,女子12项。❸为纪念这届奥运会的胜利召开,中华人民共和国邮电部于奥运会开幕当天发行J103《第二十三届奥林匹克运动会》邮票,全套6枚,影写版印刷,卢天骄设计。设计者选取了6个体育项目的运动员造型作为邮票主图。图案分别为:"射击"(4分)、"跳高"(8分)、"举重"(8分)、"体操"(10分)、"排球"(20分)、"跳水"(80分)。其中"体操"画面为一名男运动员正在鞍马上完成托马斯全旋,动作潇洒,姿态优美。这套邮票在设计上进行了大胆创新,以运动员形象为主图,背景上辅以曲尺形条带,将各种运动项目尽列其中,并且全部采用白底色,风格统一,主题突出,美观大方。这套邮票发行的同时,邮电部发行J103M《第二十三届奥林匹克运动会》小型张1枚,影写版印刷,卢天骄设计,面值2元,图案为"走向世界"。画面巧妙地把艺术体操中的藤圈操与奥运五环结合起来,周围环以20位古人组成的中国古代导引术造型。艺术风格与6枚邮票图案协调,显得庄重大方,民族气息浓郁。

中国运动员参加了16个项目的比赛,共获得15枚金牌、8枚银牌、9枚铜牌,金牌数列居第4位,奖牌总分名列第6位。❹运动员许海峰在射击比赛中夺

❶ 王润斌、熊晓正:《新中国成立以来我国体育外交决策的历史审视》,《首都体育学院学报》2012年第2期。

❷ 王润斌、熊晓正:《新中国成立以来我国体育外交决策的历史审视》,《首都体育学院学报》2012年第2期。

❸ 王润斌、熊晓正:《新中国成立以来我国体育外交决策的历史审视》,《首都体育学院学报》2012年第2期。

❹ 田麦久:《"竞技体育强国"论析》,《北京体育大学学报》2008年第11期。

图 5-2 1984 年 7 月 28 日，J103《第二十三届奥林匹克运动会》邮票，"射击"（4 分）、"跳高"（8 分）、"举重"（8 分）、"体操"（10 分）、"排球"（20 分）、"跳水"（80 分）

图 5-3　1984 年 7 月 28 日，J103M《第二十三届奥林匹克运动会》小型张，面值 2 元

得本届奥运会的第一块金牌，实现了中华儿女在奥运会金牌上"零的突破"。此后，中国队再接再厉，获得多枚奖牌。

　　在体操比赛中，共有来自 19 个国家和地区的 156 名运动员参赛。❶ 在男子团体赛中，中国队获得亚军。在单项赛中中国队发挥出色。李宁在自由体操、鞍马、吊环中一人独得 3 枚金牌。此外，他还获得了两枚银牌和 1 枚铜牌，是本届奥运会上中国获金牌最多的运动员。楼云也拿下了跳马比赛的桂冠。在女子比赛中，马燕红在高低杠比赛中获得冠军。在体操项目比赛中，中国队共获 11 枚奖牌，展示了新兴世界体育强国的风采。

❶ 田麦久：《"竞技体育强国"论析》，《北京体育大学学报》2008 年第 11 期。

体操成为中国的优势竞技项目

第 23 届夏季奥林匹克运动会结束后，中国体操队保持着对外开放的姿态。20 世纪 80 年代和 90 年代，中国体操队的对外访问活动猛增，这对中国体操运动进一步走向世界起到了极大的促进作用。通过对外交流，中国体操训练的宝贵经验逐渐传向世界，世界其他国家先进的训练理念、方法和手段也被带回中国。

随着中国体操队对外交流的增多和参加世界性比赛的机会增加，全国运动会培养人才的作用也越发重要。全国运动会是各省之间体育事业的比拼，全运会奖牌往往是通往奥运会及各项大赛的门票，在比赛中取得优秀成绩的运动员容易获得参加更高级别赛事的机会。

第 5 届全国运动会于 1983 年 9 月 18 日至 10 月 1 日在上海市举行。❶ 比赛项目有足球、篮球、排球、田径、体操、水球等 25 项。❷ 另外还有武术、团体操表演。29 个省、自治区、直辖市和解放军、火车头体育协会的 31 个体育代表团参加了比赛。❸ 为预祝这届运动会成功举办，中华人民共和国邮电部于 1983 年 9 月 16 日发行 J93《中华人民共和国第五届运动会》邮票，全套 6 枚，影写版印刷，邹建军设计。6 枚邮票图案分别为："会徽"（4 分）、"自由体操"（8 分）、"羽毛球"（8 分）、"跳水"（8 分）、"跳高"（20 分）、"帆板"（70 分）。第 1 枚邮票主图是第 5 届全国运动会会徽，第

❶ 王希恩：《论中国少数民族传统文化现状及其走向》，《民族研究》2000 年第 6 期。

❷ 王希恩：《论中国少数民族传统文化现状及其走向》，《民族研究》2000 年第 6 期。

❸ 王希恩：《论中国少数民族传统文化现状及其走向》，《民族研究》2000 年第 6 期。

图5-4　1983年9月16日，J93《中华人民共和国第五届运动会》邮票，"会徽"（4分）、"自由体操"（8分）、"羽毛球"（8分）、"跳水"（8分）、"跳高"（20分）、"帆板"（70分）

2枚到第5枚邮票分别描绘了运动员进行自由体操、羽毛球、跳水、跳高、帆板运动的形象。"自由体操"图案是一位运动员正在完成半劈腿跳动作的瞬间形象。运动员腾身跃起，挺胸昂首，舒展双臂，如凌空飞燕，造型优美，背后为雪青色运动场馆。画面右侧的装饰性底衬，犹如一块淡紫色地毯，使运动员仿佛置身于体操馆的赛场上。这套邮票图案的设计风格统一，底衬均一分为二，左半部分采用白色，右半部分根据比赛项目采用不同色彩，使画面显得开阔又富有动感。设计者将写实性与装饰性相结合，注重冷暖色对比，运动员的姿态刻画得十分传神，充满活力。

中国体操队一面努力走向世界，一面努力培养人才。中国竞技体育管理体制为举国体制，人才培养采用的是国家统一管理下的"一条龙"训练体系，由体育运动学校和业余体校到省队再到国家队的3级训练体系。它有统一配置资源、决策阻力小、组织能力强、集中资金快、经营环节少、避免外界干扰等优势，使中国竞技体操在短时期内迅速发展壮大。同时，中国注重对全能型领军人才的培养，成为中国体操在国际大赛上夺取金牌的重要因素。因此，20世纪80年代和90年代，中国的竞技体操继续保持在世界前列。中国体操队也出过多位极具代表性且多次为国家增光添彩的人物。

20世纪90年代，中国的体操运动进入一个新的转型期。当时，中国体操队开始出现一些问题，并受到国际上的一些质疑。所以，中国的体操运动开始进行改革和创新，以适应新的形势。首先要改变人们认识上的误区。竞技性体操的流行导致了人们认识的偏差，很多人认为，只有专业运动员才能参与体操运动，体操运动离普通老百姓很远，这就导致竞技性体操发展较快，其他类别的体操发展较慢。因此，中小学体育教学大纲力图打破以运动竞赛为中心的编排体系，着力于发展以培养身体基本活动能力为核心的非竞技性运动。在广大体育教育工作者的辛勤工作和不懈探索下，新的课程应运而生，例如：深受学生们喜爱的"舞蹈与韵律体操"课程。新课程充实了体操教材，丰富了体操内涵。同时，在国家制定的教学大纲和体育锻炼标准中，明确规定了体操的内容和范畴，把队列队形、徒手体操、器械体操、技巧运动、跳跃、艺术体操、健美体操等内容归入了体操，解决了多年来人们对体操认识的局限性。这些措施，进一步促进了体操运动向大众性、健身性、普及性的方向发展。

20世纪90年代中国努力加强对外交流促进体操运动的发展

20世纪90年代，随着中国体育事业的发展，以及对外交流的加强，中国开始积极承办大型国际体育赛事，以便向世界各地学习先进经验，促进包括体操在内的各项体育运动的发展。

亚洲运动会是亚洲规模最大的综合性运动会，每4年举办一届。1973年，中华人民共和国恢复了在亚洲运动会联合会的合法席位。❶1974年9月，中华人民共和国首次参加在伊朗首都德黑兰举行的第7届亚洲运动会。❷中国体操健儿一举夺得全部14枚金牌中的8枚，奠定了中国体操在亚洲的领先地位。❸

1990年9月22日至10月7日，第11届亚洲运动会在北京举行。这是中国第一次承办大型综合性国际体育赛事，也是中国第一次承办亚运会。在"团结、友谊、进步"的主旨下，来自37个国家和地区的6578人参加了这届亚运会。❹这届亚运会共打破4项世界

❶ 祝莉、唐沛：《中国体育外交六十年：回顾与展望》，《体育文化导刊》2009年第12期。

❷ 祝莉、唐沛：《中国体育外交六十年：回顾与展望》，《体育文化导刊》2009年第12期。

❸ 祝莉、唐沛：《中国体育外交六十年：回顾与展望》，《体育文化导刊》2009年第12期。

❹ 易剑东：《大型赛事对中国经济和社会发展的影响论纲》，《山东体育学院学报》2005年第6期。

① 易剑东:《大型赛事对中国经济和社会发展的影响论纲》,《山东体育学院学报》2005年第6期。

② 易剑东:《大型赛事对中国经济和社会发展的影响论纲》,《山东体育学院学报》2005年第6期。

纪录,刷新42项亚洲纪录和98项亚运会纪录。① 中国获183枚金牌、107枚银牌、51枚铜牌,金牌数列榜首。② 亚运会的圆满召开,有助于发扬奥林匹克精神,鼓励和引导亚洲国家体育事业的发展。

为迎接第11届亚洲运动会召开,中华人民共和国邮电部共发行了J151(1988年发行)、J165(1989年发行)、J172(1990年发行)3套纪念邮票。其中J172《1990·北京第十一届亚洲运动会(第三组)》邮票发行于亚运会开幕当天,全套6枚,影写版印刷,卢德辉、刘波设计。邮票的图案分别为:"田径运动"(4分)、"体操"(8分)、"武术"(10分)、"排球"(20分)、"游泳"(30分)、"射击"(1.60元)。6个图案是经过夸张变形的人体动作造型,图案力求简化,强调形象的稚拙感,既展现了运动员的灵敏、刚健、勇敢、顽强和力量,又使造型具有流畅感和现代感。特别是

图5-5 1990年9月22日,J172《1990·北京第十一届亚洲运动会(第三组)》邮票,"田径运动"(4分)、"体操"(8分)、"武术"(10分)、"排球"(20分)、"游泳"(30分)、"射击"(1.60元)

采用剪纸结合撕纸的方法塑造人物形象,剪刀剪过的地方呈现挺拔的轮廓,用手撕成的不规则形状又具有一种颤抖的动态,给画面增添了艺术氛围。其中,"体操"图案是运动员在鞍马上完成托马斯全旋动作的瞬间造型。画面人物呈弧形,运动员单臂支撑在鞍马木环上,大分腿摆越,犹如波涛涌起,节奏鲜明,轻盈活泼。

亚运会开幕当天,另发行J172M《1990·北京第十一届亚洲运动会(第三组)》小全张,全套1枚,影写版印刷,姜伟杰、李庆发设计,面值4.78元。小全张图案将J151、J165、J172,3套共12枚有关第十一届亚洲运动会的邮票设计在一起。同时,根据12枚邮票的内容和颜色,打破原邮票的发行顺序,进行了精心布局,组成了一枚既实用又美观的邮品,主题突出,格调新颖,使人赏心悦目。邮票和小全张的发行展现了中国体操队在亚洲的领先地位,以及体操健儿努力发扬奥林匹克精神、积极走向世界的现实。

图5-6　1990年9月22日,J172M《1990·北京第十一届亚洲运动会(第三组)》小全张,面值4.78元

❶ 阮伟:《体育赛事与城市发展关系研究》,博士学位论文,北京体育大学体育人文社会学专业,2012年,第170页。

❷ 阮伟:《体育赛事与城市发展关系研究》,博士学位论文,北京体育大学体育人文社会学专业,2012年,第170页。

❸ 阮伟:《体育赛事与城市发展关系研究》,博士学位论文,北京体育大学体育人文社会学专业,2012年,第170页。

1992年7月25日至8月9日,第25届夏季奥林匹克运动会在西班牙巴塞罗那举行。这届奥运会共有28个大项、257个单项,共有169个国家和地区的9367名运动员参加了比赛。❶ 为了参加这次奥运会,中国提前作了充分准备。1992年6月15日,中国体育代表团在北京正式成立,团长为国家体委主任伍绍祖,总人数380人,其中运动员251人。❷ 中国体育代表团参加了20个项目的比赛,收获金牌16枚,银牌22枚,铜牌16枚,总分名列第4名。❸ 这是自1979年中国恢复在国际奥委会的合法席位后,第3次参加夏季奥运会。在体操单项决赛中,李小双以技惊四座的后空翻"团三周"夺取了男子自由操的金牌,陆莉则以完美的表现在女子高低杠比赛中夺金。

在开幕当天,为祝福体育健儿取得优异成绩,中华人民共和国邮电部发行了1992-8《第二十五届奥林匹克运动会》(J)邮票,邮票全套4枚,影写版印刷,殷会利设计,图案分别为:"篮球"(20分)、"体操"(25分)、"跳水"(50分)、"举重"(80分)。同时发行1992-8M《第二十五届奥林匹克运动会》(小型张)(J)。小型张1枚,影写版印刷,殷会利设计,图案为"马拉松"(5元)。4枚邮票的主图充满现代感和青春活力。背景采用火红、大绿、大蓝等几块面积不等的色块进行装饰,与主图的运动员形象形成对比,造成一种视觉上的不稳定感,巧妙地突出了世界性体育大赛的激烈场面和现代节奏。运动员的形体和器械,运用喷绘手法处理成连续性的光痕,将奥运赛场上那种顽强拼搏和变幻莫测的韵味表现得淋漓尽致。第2枚邮票为"体操",选取自由体操中"春燕展翅"的优美动作,展示了一种锐意进取、英姿飒爽的风采,表现了体操健儿向世界最高水平顽强冲击的体育精神。

图5-7　1992年7月25日,1992-8《第二十五届奥林匹克运动会》(J)邮票,"篮球"(20分)、"体操"(25分)、"跳水"(50分)、"举重"(80分)

图5-8　1992年7月25日，1992-8M《第二十五届奥林匹克运动会》（小型张）（J），"马拉松"（5元）

第29届夏季奥林匹克运动会对体操运动的促进

到了21世纪，中国体操队更加专业化和科学化，在国际比赛中取得了更多成绩。第29届夏季奥林匹克运动会是新世纪的一项体育盛事。2001年7月13日，国际奥委会在第112次全体会议做出重要决定，北京成功获得这届奥运会的举办权。❶ 这届奥运会的比赛项目为28个大项、302个小项。❷ 奥运会在中国举办，说明中国的综合国力已经达到一个新水平，有足够的能力承办大型国际体育赛事，也证明中国的体育事业发展水平位于世界前列；对于促进奥林匹克运动的普

❶ 何振梁：《北京奥运会对我国发展的影响》，《体育文化导刊》2004年第3期。

❷ 何振梁：《北京奥运会对我国发展的影响》，《体育文化导刊》2004年第3期。

及、宣传奥林匹克精神、丰富奥林匹克运动内涵具有不可替代的作用；还有利于促进中国成为真正的体育强国，为世界体育事业的发展做出贡献。

为了预祝第29届夏季奥林匹克运动会顺利开幕，中国邮政于2006年8月8日发行2006-19《第29届奥林匹克运动会——运动项目（一）》（J）邮票，全套4枚，影写版印刷，王敏、辛静设计，图案分别为："篮球"（60分）、"击剑"（80分）、"帆船"（80分）、"体操"（3元）。设计者将中国书法和现代运动项目结合，采用抽象化的设计，展现了篮球、击剑、帆船和体操4个奥运项目，主题鲜明，兼具民族风格与现代感，从侧面展现了体操在奥运会项目中的重要地位，表达了对中国体操健儿的美好祝愿。发行这套邮票的同时，另发行影写与丝印结合的不干胶小版张1枚，其为8枚连印。

2008年8月8日，第29届夏季奥林匹克运动会在中国北京隆重开幕。开幕式的表演具有强烈的中国特色，融合了传统和现代，传递出和谐、祥和的气息，给人非凡的视觉冲击。在"同一个世界 同一个梦想"的口号下，来自204个国家和地区的1万多名运动员欢聚一堂，与110多位国际贵宾、全球45亿观众一起见证了这一盛会。❶ 2008年8月24日，奥运会闭幕。这届奥运会共创造了43项新的世界纪录、132项新的奥运纪录。❷ 北京奥运会的成功举办，向世界展示了中国人民昂扬向上的精神风貌，在人类奥运史上留下了不可磨灭的中国印记。

❶ 冯惠玲、胡百精：《北京奥运会与文化中国国家形象构建》，《中国人民大学学报》2008年第4期。

❷ 冯惠玲、胡百精：《北京奥运会与文化中国国家形象构建》，《中国人民大学学报》2008年第4期。

CHINESE NATIONAL HISTORY | 084 | 中国国家历史

图5-9　2006年8月8日，2006-19《第29届奥林匹克运动会——运动项目（一）》（J）邮票，"篮球"（60分）、"击剑"（80分）、"帆船"（80分）、"体操"（3元）

透过"国家名片"看20世纪80年代以来体操运动在中国的发展 | 085

图5-10 2006年8月8日，2006-19《第29届奥林匹克运动会——运动项目（一）》（不干胶）（J）小版张

  为了纪念第29届夏季奥林匹克运动会的召开，开幕式当天，中国邮政临时增发《第29届奥林匹克运动会——运动项目（一、二组）》（小全张），全套1枚，王敏、辛静、马刚设计，面值12.40元，小全张的设计者将两组邮票结合在一起，背景边饰设计为舞动的彩带，底色为红黄渐变色，设计精美，富有运动气息和青春活力。

  在这届奥运会上，体操赛事成为世界瞩目的焦点。中国体操队战果辉煌，连夺9枚金牌，创历史之最。获得金牌的体操项目分别为：男子体操团体、女子体操团体、男子个人全能（杨威）、男子自

由体操（邹凯）、男子鞍马（肖钦）、男子吊环（陈一冰）、女子高低杠（何可欣）、男子双杠（李小鹏）、男子单杠（邹凯）。❶

❶ 张力为、毕晓婷:《中国艺术体操队北京奥运会备战、参赛的心理训练》,《天津体育学院学报》2009年第1期。

图5-11　2008年8月8日,《第29届奥林匹克运动会——运动项目（一、二组）》（小全张）,面值12.40元

奥运会为中国体操运动注入了前所未有的激情与动力。奥运会不仅是体育健儿的竞技场，更为广大人民群众搭建起享受体育、参与体操运动的大舞台。借力奥运，中国的体育事业实现了全方位发展，体操运动的群众基础也更为坚实。此后，中国体操队更加频繁地参加国际赛事。因此，全国运动会为国际赛事选拔人才的作用就更加重要了。

第12届全国运动会于2013年8月31日至9月12日在辽宁省沈阳市举行。❷主赛区设在沈阳市，辽宁省其他13个地市均设有分赛区，共有9000多名运

❷ 顾先问:《我国省域竞技体育发展水平的空间计量研究——基于中华人民共和国第12届运动会综合总分榜的经济社会空间分析》,《中国体育科技》2014年第4期。

透过"国家名片"看20世纪80年代以来体操运动在中国的发展 | 087

动员参加。❶ 设31个大项、40个分项、350个小项。❷ 为了筹办"全民参与、回归体育、节约朴素"的全运会，开幕式改变了在晚上举行的惯例，且不请明星大腕、不燃放焰火，让来自全省各地的群众成为主角，将表演变成深受群众欢迎的全民健身展示，既节省了预算，又实现了体育回归群众的目标。

为了庆祝第12届全国运动会开幕，中国邮政于2013年8月31日发行2013-19《中华人民共和国第十二届运动会》(J)邮票，同时发行2013-19M《中华人民共和国第十二届运动会》(小全张)(J)邮票。邮票全套2枚，小全张1枚，均为胶版印刷，由王虎鸣、李志宏设计。2枚邮票图案分别为"艺术体操""击剑"，面值均为1.20元。小全张售价3.60元。邮票的图案选取了体育赛事中具有代表性的项目——体操和

❶ 顾先问：《我国省域竞技体育发展水平的空间计量研究——基于中华人民共和国第12届运动会综合总分榜的经济社会空间分析》，《中国体育科技》2014年第4期。

❷ 顾先问：《我国省域竞技体育发展水平的空间计量研究——基于中华人民共和国第12届运动会综合总分榜的经济社会空间分析》，《中国体育科技》2014年第4期。

图5-12　2013年8月31日，2013-19《中华人民共和国第十二届运动会》(J)邮票，"艺术体操"，面值1.20元

击剑。"艺术体操"中的女运动员,姿态优美,凌空而舞,身穿红色运动衣,带着红色飘带,充分展现了健康之美。整套邮票风格简洁大方,色彩醒目,展现了体操健儿在赛场上的英姿,突出了全国运动会的重要地位。

第 2 届夏季青年奥林匹克运动会的举办推动了体操运动在青年中的普及

夏季青年奥林匹克运动会是继第 29 届夏季奥林匹克运动会后,我国举办的又一个重大奥运赛事。夏季青年奥林匹克运动会是世界规模最大的青年综合性运动会。2010 年开始举办第 1 届,此后每 4 年举办一次。2010 年,国际奥委会将第 2 届夏季青年奥林匹克运动会的承办权授予中国南京。❶ 运动会于 2014 年 8 月 16 日开幕,8 月 28 日闭幕,口号"分享青春 共筑未来",寓意为世界各地的青年人在奥林匹克精神的感召下,欢聚一堂,相互切磋,相互鼓励,增进友谊,共同成长。开幕式在南京奥林匹克体育中心体育场举行。

运动会开幕当天,中国邮政发行 2014-16《第二届夏季青年奥林匹克运动会》(J)邮票,全套 1 枚,胶版印刷,胡中青设计,面值 1.20 元。邮票图案表现了跑步、艺术体操、乒乓球、羽毛球、篮球等运动项目,通过活泼、轻盈的用色,展现出运动员的青春与活力,同运动会的主题相呼应。背景为南京城市速写,包括明城墙以及现代标志性建筑紫峰大厦等,色调润泽、淡

❶ 王涛、胡莉萍:《2014 南京青奥会与江苏体育可持续发展关系解析》,《南京体育学院学报(社会科学版)》2010 年第 3 期。

雅，突出"绿色南京"的城市形象。

第 2 届夏季青年奥林匹克运动会的体操比赛于 2014 年 8 月 17 日至 8 月 24 日在南京奥体中心体操馆举行。❶ 内容包括男子项目 8 项、女子项目 6 项，共 14 项，108 名运动员参赛。❷ 对于体操运动而言，这届运动会以赛会组织、赛会设施、志愿参与和城市环境为支柱，让全世界的优秀青年运动员会聚南京，吸引了更多人参与体操竞技和相关的教育宣传活动，提高了青年对体操运动的参与意识和关注程度，推动了体操运动在青年中的普及。

❶ 王涛、胡莉萍：《2014 南京青奥会与江苏体育可持续发展关系解析》，《南京体育学院学报（社会科学版）》2010 年第 3 期。

❷ 王涛、胡莉萍：《2014 南京青奥会与江苏体育可持续发展关系解析》，《南京体育学院学报（社会科学版）》2010 年第 3 期。

图 5-13　2014 年 8 月 16 日，2014-16《第二届夏季青年奥林匹克运动会》(J) 邮票，面值 1.20 元

2014年第2届夏季青年奥林匹克运动会之后，中国体操队继续增加对外交流与合作，如出国比赛、队伍外训（女队赴美国训练、男队赴日本训练等）、聘请外教、向社会购买服务等。在国内，努力培养体操人才，重视奥运选拔和备战训练，以便运动员更好地应对比赛中的突发情况。

澳门特别行政区也发行过和体操运动有关的邮票。第31届夏季奥林匹克运动会于2016年8月5日至8月21日在巴西里约热内卢举行。澳门邮政于2016年7月29日提前发行《2016里约热内卢奥运会》邮票，全套4枚，钟渠盛设计，图案分别为"田径"（2.0元）、"体操"（3.0元）、"跳高"（4.5元）、"跳水"（5.5元）。图案上的造型富有动感，4枚邮票结合在一起形成一个球形，寓意为不同地区的运动员欢聚一堂，奋力拼搏，创造佳绩。

中国体操运动存在的问题以及发展方向

在21世纪，中国的体操运动虽然成绩出色，但仍存在一些问题。

1. 中国竞技体育管理体制为举国体制，人才培养采用的是国家统一管理下的"一条龙"训练体系。该体制存在社会参与度低、重竞技轻文化、体育的教育功能被弱化、运动员就业难等问题。

2. 对跳马、自由体操等弱项的投入和探索不足。在运动员训练中，强调大运动量、大强度，过度的训练和伤病缩短了运动员的高峰期，使技术动作创新能力大幅递减。

因此，体操运动的发展需要深入贯彻协调发展理念，适应新形势，满足人民群众的需要。

首先，要努力完善竞技体操的发展模式，充分激发社会参与和市场活力，促进竞技体操竞赛市场化，实现可持续发展和资源优化配置，为体操从业人员扩宽就业空间和渠道。

其次，在训练中，要更新理念并借助高科技训练手段提高训练水平，以延长运动员的高峰期和激发教练员、运动员的创新动机，取得更多优异的成绩。

再次，要努力适应赛制变化，逐渐摆脱依赖强项制胜的传统。

最后，要协调发展各类体操。加大宣传力度，将体操运动进一步推广到各级各类学校，实现体操的大众化发展，充分发挥其健身价值和教育功能。

结语

体操是中国体育事业的重要组成部分。自 20 世纪初期开始，中国体操开始了自己的发展历程。其间，中国体操经历了许多起伏和变化，但是始终保持着自己的特色和风格。体操也是中国的传统优势项目，为中国体育代表团在国际大赛上争金夺银创下了丰功伟绩。1979 年中国恢复了在国际奥委会的合法席位，成为中国体操运动走向世界的新起点。此后，中国体操依旧保持着对外开放的姿态，并努力进行改革和创新以适应新形势。新时期，竞技体操还将继续为中国的体育事业贡献力量、再创辉煌。

体操运动曾多次登上中国的邮票。它们色彩丰富，富有动感，艺术气息浓厚，深受集邮者的喜爱。这些邮票的发行提高了人们对体育运动的关注，有利于推动体育事业和体操运动的发展，展示了体操赛场上的精彩瞬间，以及运动员们努力迸发最大潜能、争取最佳成绩的拼搏精神。

中国第一斜塔——苏州虎丘云岩寺斜塔千年不倒的秘密

文 | 苏州市委政法委 刘美斌

山无塔则不秀，城无塔则不灵。塔是一座城市的鲜明符号，从传说中的巴别塔到著名的吴哥窟寺塔，再到法国埃菲尔铁塔和意大利比萨斜塔，塔代表着一座城市的高度与气质。

正如意大利著名地标比萨斜塔（其为意大利比萨城大教堂的独立式钟楼，始建于1173年），因倾斜不倒的姿态而闻名于世，以一己之力撑起了意大利旅游的半边天。

事不孤起，必有其邻。在有着悠久历史和厚重文化的中国大地上，有着"东方威尼斯"雅称的江南水城苏州，也矗立着这样一座标志性的城市地标——虎丘云岩寺塔，其塔身倾斜却千年屹立不倒，也被俗称为"虎丘斜塔"（建造于五代后周显德六年，即公元959年，比意大利比萨斜塔早214年）。

下面，请跟随本文，穿过时间的长廊，慢慢掀开历史的纱窗，共同探究虎丘斜塔的前世与今生，洞见其千年屹立不倒背后的秘密。

中国第一斜塔——苏州虎丘云岩寺斜塔千年不倒的秘密 | 093

图 6-1　虎丘斜塔与东方之门遥相对望、古今辉映

虎丘斜塔的前世今生

虎丘斜塔坐落于享有"吴中第一山"美誉的著名风景区——虎丘山。唐人陆广微所撰《吴地记》记载,"虎丘山绝岩纵壑,茂林深篁,为江左丘壑之表"。北宋大文豪苏东坡也曾发出这样的感慨,"过姑苏,不游虎丘,不谒闾丘,乃二欠事"。

图 6-2　虎丘山景色

虎丘山也称海涌山，是一座由火成岩堆积而成的小山阜，为苏州西山的余脉，因周边地形脱离西山主体而成为独立的小山，高30余米。

关于虎丘名称的由来，传说和吴王阖闾有着千丝万缕的关联。《吴地记》引《史记》云："阖闾冢在吴县阊门外，以十万人治冢，取土临湖。葬经三日，白虎踞其上，故名虎丘山。"相传春秋末期，吴王阖闾死后埋葬于此，下葬三天后，忽然在山上出现了一只白虎，从此人们便称这座小山为虎丘。另外还有一种说法是"丘如蹲虎，以形名"，也就是因形状而得名。

图6-3 清 焦秉贞绘《南巡苏州虎丘行宫图》(局部)

矗立于虎丘之上的云岩寺塔，不仅是苏州的标志性地标，也是苏州现存年代最久远的古塔。那么，云岩寺塔到底建造于何时？下面就来谈一谈这座塔的前世与今生。

据文献记载，东晋时，司徒王珣和司空王珉兄弟曾在虎丘山上建造宅第，咸和二年（327）舍宅为寺，取名为虎丘山寺，分东西二刹。唐代为避唐高祖李渊的祖父李虎之讳，改名为"武丘报恩寺"，寺内原也曾建过塔，是平面方形木塔，不是现在的云岩寺塔。

白居易与虎丘也有不解之缘。唐敬宗宝历元年（825），白居易任苏州刺史，主持开凿了山塘河，以淤泥筑堤，形成了山塘街，由此构筑了"七里山塘到虎丘"的交通格局。

其曾作诗《武丘（虎丘）寺路》，记录了此事。

自开山寺路，水陆往来频。
银勒牵骄马，花船载丽人。
芰荷生欲遍，桃李种仍新。
好住河堤上，长留一道春。

唐武宗李炎在位时，崇道辟佛，发动了大规模的灭佛运动，会昌五年（845）诏令没收寺院土地财产，毁坏佛寺佛像，史称"会昌灭佛"。远离长安的苏州也未能幸免，虎丘东西二寺被拆得片瓦无存。直到宋至道年间，虎丘东西二寺重建合并为一寺，改名为云岩寺。

根据文献记载和塔内出土文物考证，可确定云岩寺塔始建于五代后周显德六年（959，根据塔砖铭文记载可知），最晚落成于北宋建隆二年（961，根据经箱墨书记载，"辛酉岁建隆二年十二月十七日丙午入宝塔"可知），已有1000多年历史，是八角形楼阁式砖塔中现存年代最早、规模最宏大而结构精巧的实物。

咸丰十年（1860），在清军与太平军的兵火中，原有的云岩寺全部被焚毁，只此塔仍屹立山巅。塔的木构檐椽、平座勾栏、副阶已全部被烧毁，塔顶的铁刹倒塌，后又经百年风雨侵蚀，到中华人民共和国成立初期，此塔已是千疮百孔、岌岌可危。

中国第一斜塔——苏州虎丘云岩寺斜塔千年不倒的秘密

图 6-4 塔砖拓本

图 6-5 北宋 鎏金镂花包边楠木经箱（20世纪50年代于苏州虎丘云岩寺塔被发现，苏州博物馆藏）

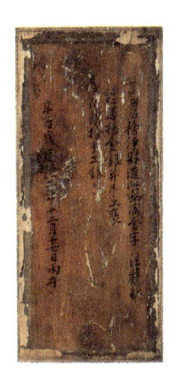

图 6-6 箱底四行墨书：弟子言细招舍净财造此函盛金字法华经。弟子孙仁遇舍金银并手工装。弟子孙仁朗舍手工镂花。辛酉岁建隆二年十二月十七日丙午入宝塔

图6-7 明 沈周绘《虎丘十二景图册》中的虎丘斜塔（可见塔顶铁刹）

图6-8 法国摄影家李阁郎1859年左右所拍的虎丘斜塔（可见塔顶铁刹）

中国第一斜塔——苏州虎丘云岩寺斜塔千年不倒的秘密

图 6-9　经历战火后年久失修的虎丘斜塔，木构檐椽、平座勾栏等全部被烧毁，铁刹也倒塌

目前，现存的虎丘斜塔八角七层，为仿木构楼阁式砖塔，每层均施以腰檐平座，塔体高 47.7 米，底层对边南北长 13.81 米，东西为 13.64 米。塔重约 6000 吨，塔体向北偏东方向倾斜 2.34 米，塔身最大倾斜度为 3.59 度。1961 年虎丘斜塔被列为第一批全国重点文物保护单位，2014 年被列入《世界遗产名录》。

每到深秋，成群的苍鹭聚集于虎丘，飞翔在古塔周围，出现了"万千鹭鸟伴古塔"的壮丽景观，成为苏州的一大胜景。

图 6-10　鹭鸟伴古塔

虎丘斜塔倾斜的原因

根据文献记载，虎丘云岩寺曾多次被焚，屡经修葺。有明确文字记载的修塔记录就达 7 次，分别是元至正四年（1344）、明永乐元年至十七年（1403—1419）、明景泰四年（1453）、明崇祯十一年（1638）、清康熙五十五年（1716）、清乾隆三十八年（1773）。

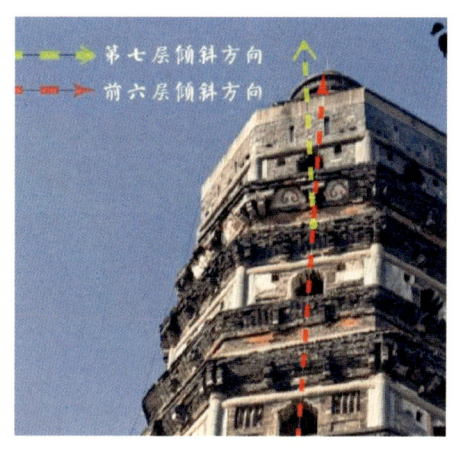

图 6-11 虎丘斜塔倾斜方向

最晚在明崇祯十一年（1638），因为发现塔身倾斜加剧且损坏严重，便重建了第七层，并将此层位置略向倾斜的反方向移动，拟改变中心，纠正塔身的偏斜，致使塔身呈抛物线形状，但收效甚微，没有完全止住塔身的倾斜趋势。

那么造成虎丘斜塔倾斜的因素到底是什么？下面我们试着来进行探析。

风力的影响

台风季节，虎丘斜塔所在地最大风力可达十级左右。云岩寺塔位于虎丘山之顶，加上塔身高度，四周也没有什么遮挡，所受风力远远超过附近其他建筑物。但此塔塔身底大顶小，重心较稳，且塔身每层外壁、塔心都开了门，风从门洞穿过，减小了阻力，风力不能将整个塔身吹斜，最多只能将顶部或受风力大的部分刮坏。此塔是向东北倾斜，而苏州多东南风，风向和倾斜的方向不能吻合。据调查，江苏 60 多座古塔，没有一座古塔因受风力而倾斜。就以苏州灵岩山塔为例，它所处的位置比虎丘斜塔要高得多，也有 800 多年历史，至今还没有倾斜过。所以风力并不是虎丘斜塔倾斜的原因。

火烧的影响

据文献记载，云岩寺历经焚毁，虎丘斜塔也不例外，塔身的木构部分如塔檐、木制斗拱等均已被烧毁，但砖体部分并没有因火烧发生严重的损坏。主要原因是塔砖质量好，耐火力强，而木构部分都在外檐，火烧仅局限于外壁，对砖体塔身影响不大。因此，火烧也不是倾斜的原因。

地震的影响

地震与塔倾斜关系很大，如意大利比萨斜塔，在第二次世界大战前因地基下的黏土逐渐压密，沉降基本上处于停止状态；二战时塔附近落下了重型炸弹，这时人们发现塔沉降复活了，这是因为炸弹强烈振动的原因；1972 年 10 月又发生了一次地震，影响亦很大，使倾斜度增加了 1.8 毫米。云岩寺塔是不是因受地震的影响而倾斜呢？根据历史记载，最大的一次地震是清康熙七年（1668），山东郯城发生的 8.5 级大地震，但苏州只有 4 级左右，不能说是这次地震造成的倾斜。地震是外因，如果塔的基础好，抗震力强，塔也不一定倾斜。如江苏连云港市建于北宋的海清寺塔，塔高 40.58 米，地质和基础都较好，经受过多次地震，特别是 1668 年郯城的这次大地震，附近很多房屋被震塌，而海清寺塔并未因地震而倾斜。从历史上看，苏州附近没有发生什么大地震，因此可以肯定，云岩寺塔不是因地震而倾斜。

雨雪的影响

是不是雨雪浸入塔身，使塔身砖砌泥缝松软，压缩后造成倾斜呢？云岩寺塔原来是有塔顶和塔檐的，塔顶和塔檐被烧坏后，雨雪直接侵入塔身,对外壁砖砌部分有一定影响,特别是在冬季,雨雪有破坏作用。至于雨雪使砖砌泥浆缝松软,压缩倾斜,这是可能的。但实际上并非如此,因塔身是八角形,外壁里面还有塔心,雨雪只能影响外壁,不可能使整个塔身倾斜,也不可能只向东北方向倾斜。因此,雨雪也不是主要因素。

总的来说,风力、火烧、地震、雨雪等,对虎丘斜塔的倾斜可能有些影响,但不是倾斜的主要原因。塔基的不均匀沉降才是造成虎丘斜塔倾斜的主要原因。

1953年,南京工学院建筑系主任、古建筑专家刘敦桢教授认为,虎丘斜塔的倾斜是塔基不均匀下沉造成的。清华大学土建系赵正之教授在1964年《建筑史论文集》第一辑"中国古代建筑工程技术"一文中提到云岩寺塔的基础问题,他说,云岩寺塔是"造在倾斜的山坡上,基底是部分挖方,部分填方形成的,工程进行到一半时,塔身就向填方部分倾斜"。

国家文物局和苏州市政府于1978年至1981年间,组织专家和技术人员对虎丘斜塔进行了周密勘测和论证,分析了不均匀沉降的主要原因:

1. 塔无基础,塔墩直接砌筑在人工填土地基上,基底应力过大。

2. 塔建于南高北低的岩坡土层上,地基土持力层北厚南薄,产生了不均匀的压缩变形,导致了塔身倾斜。

3. 塔基及其周围地面未作妥善处理,因地表水渗入地基、由南向北潜流侵蚀等因素,使塔北人工填土层产生较多孔隙,造成不均匀沉降的趋势。

4. 塔体由黏性黄土砌筑,灰缝较宽,塔身倾斜后形成偏心压力,加剧了不均匀压缩变形。

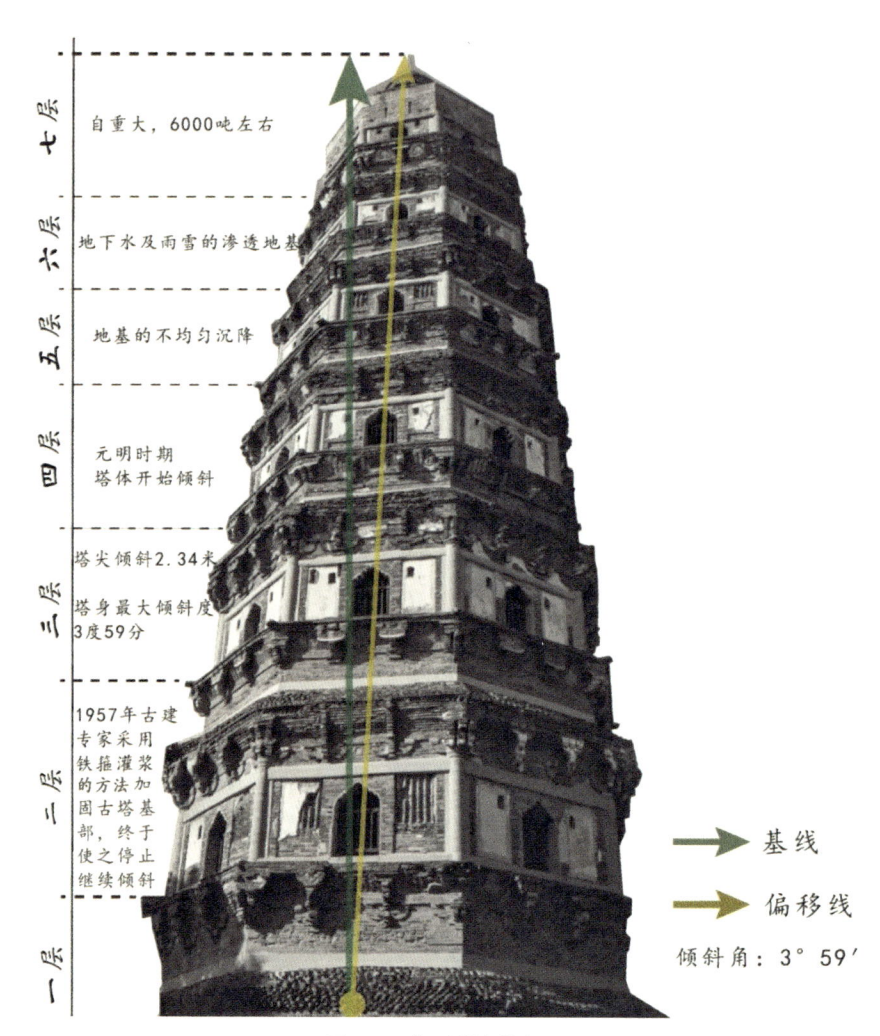

图 6-12　虎丘斜塔倾斜的原因

焕发新生的古塔

虎丘斜塔何以屹立不倒，除了因其建在丘山之上，虽然有部分不均匀沉降，但整体基础岩石的稳定性是可靠的，对虎丘斜塔的整体保存颇有益处。另外，得益于工匠优良的砌筑技术，成熟的叠涩砌筑法将虎丘斜塔的上下和内外塔壁连成一个整体，形成类似内外两个塔体套合在一起的结构，虎丘斜塔的这种套筒结构有助于抵御外力的冲击。

新中国成立后，虎丘斜塔有三次修葺记录，分别是1957年、1981年、2015年。

第一次塔体抢修工程（1956—1957年）

1953年，虎丘斜塔发生局部坍塌，苏州市政府旋即组织相关勘查，并开始了以刘敦桢先生为主的抢修加固方案研究。此时的虎丘斜塔已有近百年未曾大修过了，整个塔体倾斜严重，塔身千疮百孔，满目疮痍，岌岌可危。专家们认为，首要解决的应是塔体裂缝，如不及时干预，必然会同杭州的雷峰塔一样向外崩塌。专家们最终选用了在每层塔身箍3道钢筋的方法，具体做法是在每个转角包钢板，箍筋包在钢板外，接头处用花篮螺丝收紧，每根箍筋设4个接头，旋紧螺丝达到箍紧塔身的作用。1957年3月和5月，在修塔期间，人们在塔的第二、三、四等塔层窨穴处发现了珍藏其中的舍利子、佛经、经箱、铜镜、钱币等丰富多彩的唐末至宋初的佛教文物。

虎丘斜塔的第一次维修工程，对于加固塔体、排除险情、防止塔身开裂和崩塌有着重要作用。正如古建筑专家罗哲文先生所说："如果没有刘敦桢先生五十年代主持的加固维修，今天这一苏州的标志、国家的瑰宝恐怕早已不存在了。后来在七八十年代的进一步加固维修也没有了可能。"

图 6-13　第一次维修全景及塔身的大裂缝

第二次基础加固工程（1978—1986 年）

　　虎丘斜塔的第一次维修工程所做的应急排险加固措施，虽然至今都还起着加固塔体和防止开裂的重要作用，但当时限于经费和技术上的原因，没有对虎丘斜塔塔基作更深入的勘查和了解，也没有对症下药做出处理。同时，塔体加固施工中又增加了约 500 吨重的钢筋和水泥等材料，这就打破了长达千年之久塔体与塔基间保持的力学平衡状态，又激活了塔体与塔基在小环境中的相对位移活动，为塔体的不均匀沉降和继续倾斜留下了隐患，这是第一次维修工程的不足之处，正像一个重病患者不可能经过一次治疗就药到病除一样。

　　对于塔基问题，刘敦桢先生在 1953 年勘查时便说过，"问题主要是塔基"。因此第一次维修工程之后，刘敦桢先生仍然关注着虎丘斜塔的安危，希望在适当的时候解决塔基的问题，然而"文化大革命"中断了一切，更无论修塔的事了。刘敦桢先生也不幸于1968年4月30日离开人世。

事情的发展果然不出刘敦桢先生所料，自60年代中期开始，虎丘斜塔塔基的隐患逐渐显露，塔基北部驳岸坍塌，一至四层塔体壁面出现众多裂缝，底层壁面的最长裂缝已有2—3米，塔顶倾斜值已由1957年的1.70米增加到1.82米。"文化大革命"十年中，虎丘斜塔的问题自是无人问津，塔的险情有增无减，到"文化大革命"即将结束时，险情已发展到相当严重的地步，主要情况是：塔院护墙开裂、移位、错动，塔四周所开的排水沟成了积水沟，使积水较易渗入塔基处，使塔基软化，加速虎丘斜塔的不均匀沉降和倾斜，塔体的倾斜值也由60年代的1.82米发展到2.30米左右。

苏州市文物主管部门迅速将虎丘斜塔的严重险情报给上级部门，引起了领导的高度重视。时任国家文物局文物处处长的罗哲文当机立断，迅速报批立项，并召开虎丘斜塔专家会议，摸清塔的现状，研究解决对策。在基本摸清塔基情况和完成前期准备工作以后，"虎丘塔加固工程方案会议"于1980年3月在苏州召开。会上各路专家纷纷提出各种塔基加固方案，当时方案有17种之多，大致可归纳为六大类："扩大基础"方案、"压重法"方案（用于扶正）、"压入法"方案（用于扶正）、"石灰桩树根桩灌浆"方案、"地下防渗墙"方案、"抗滑桩排式连续墙"方案。

本着稳妥可靠、万无一失的原则，以罗哲文为首的专家们多次亲临现场，深入了解和考察各种方案的利弊，最后选定比较适合于虎丘斜塔塔基实际情况的"抗滑桩排式连续墙"（后简称为"围桩"）为主的系列加固方案。以"围桩"为主的塔基加固是一个系列工程，对专业要求很高，施工延续时间较长，自 1981 年 12 月正式施工起，至 1986 年 8 月竣工止，连同前期准备和练兵的时间，经过十年左右的时间，应了古人"十年磨一剑"的话，也可说是"十年修一塔"了。

苏州市修塔办公室在贯彻实施虎丘斜塔塔基加固工程的过程中，将以"围桩"为主的加固工程归纳为"围""灌""盖""补"四个工程阶段：

"围"指围桩工程。围桩是在距底层塔心 10.75 米处，即在塔基周围应力扩散范围内，建造一圈多达 44 根密集相接的钢筋混凝土桩柱，用以围固地基，稳定基土，控制地基加固范围，并隔断地下水以防止继续冲刷流失基土。

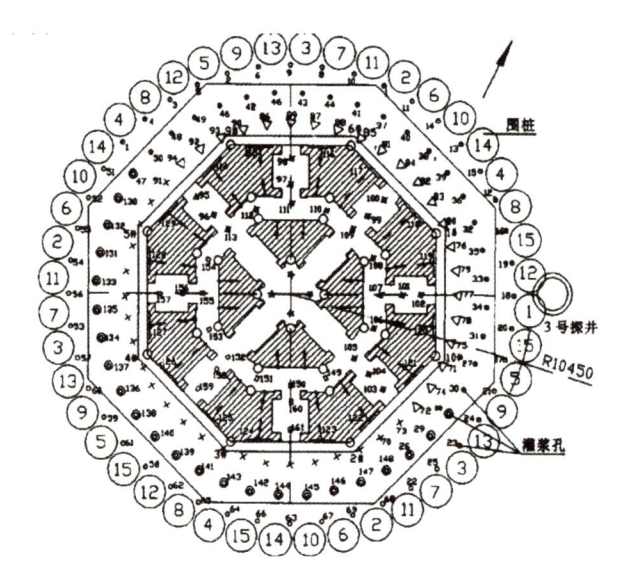

图 6-14 围桩、灌浆布置及施工顺序编号

"灌"指钻孔灌浆工程。在围桩和基岩限定范围内的基土中，钻出161个直径为9厘米的孔洞，再进行压力灌注水泥浆，以填充地基中因水土流失等情况造成的孔隙，从而提高地基的承载能力。

"盖"指壳体工程。这是对塔基加固和地基防水相结合的工程，即在围桩的基础上，加以布置钢筋结构和防水板，并加灌混凝土，使之与塔基结合成整体，在塔下形成一个钢筋混凝土壳体基础。

"补"指底层塔墩换砖。这是对塔墩的加固工程，由于换砖位于底层塔墩的下部，由壳体之底板向上延展，故亦可视为塔基工程的延伸，其施工主要采取脱换塔墩已损坏的部分砖砌体，重点部位作配筋砖砌筑加固，同时也对塔体上损坏的斗拱、过木、墙体壁面和缝隙、木梯栏杆等进行整修和粉饰。

"围""灌""盖""补"一套系统的组合拳为虎丘斜塔打造了坚固的人工基础，制止了虎丘斜塔的倾斜，使其做到了倾而不倒，终于将虎丘斜塔从危险状态中解救出来了。

图 6-15　工程竣工，验收人员合影

第三次保养维修工程（2014—2015年）

2012年，文保所工作人员在日常维护中发现，虎丘斜塔存在塔顶漏水、塔体渗水、砖体风化酥松掉落、塔身生物侵害等险情，随即启动维修准备工作。工程于2014年正式开启，工程的主要措施为：更换断砖、碎砖，保证拆下的砖与补上的砖重量一致，重新勾缝，对塔身植物进行生物灭杀，对风化严重的部位进行防风化处理，整个塔身喷涂防水剂，以及更新避雷系统。同时，利用工程之便，对虎丘斜塔进行了三维激光扫描，为虎丘塔保存精密数字档案，对塔身各个时代的建筑材料进行取样分析，研究虎丘斜塔的传统工艺。

图6-16 三维激光扫描

此次工程是进入新世纪后的第一次维修，是在文物技术得到长足发展的背景下进行的，在现代科技的助力下，文物维修工程向着更加精密化、精准化发展，更加重视数据的研判与指导作用。文物的数字化保护成为当下的技术主流，保护工程的科研化已成为常态。

最新监测数据表明，目前虎丘斜塔的塔体和塔基都处于相当稳定的状态，其数据波动极小且呈周期性变化，显示塔的形体只随所在小环境的温湿度变化，而呈现以年为单位的周期性物理变化，即热胀冷缩和湿胀干缩的现象；同时数据变化只在1毫米上下变动，说明除了温湿度因素的影响外，其他由地基不均匀沉降造成的塔体倾斜情况消除，即虎丘斜塔的险情基本消失。

虎丘斜塔的建造是中国建筑史上的一个奇迹，显示了古代匠师们的智慧和创造能力。历经沧桑而呈现危状的虎丘斜塔又给现代中国人出了一道难题，考验我们是否具有解开这道难题的能力。值得欣慰的是，经过中华人民共和国成立以后60余年的努力，三次维修工程取得了积极效果，历经千年风雨沧桑，古塔倾斜而不倒，仍屹立于虎丘山巅。

正所谓，千年古塔，焕发新生；斜塔巍巍，别具雄浑。

史海拾贝

故宫全景鸟瞰图

《园中茗话》(明 尤求绘)

庐山

王忠嗣：悲情的大唐名将

文 | 文史作家 李大鹏

图 7-1 王忠嗣像

他本将门虎子，少年时便精通兵略，被皇帝赞为"后日尔为良将"；他曾威震番邦，提兵横扫塞北、西南，为大唐开拓千里边疆；他更善驭良将，如郭汾阳、李临淮等人皆出自其门下，后成为中兴大唐的一代名将。他就是王忠嗣，出仕于开元盛世，因明皇的知人善任而身佩四镇将印，之后也因李隆基晚年的昏聩而惨遭奸人陷害，于安史之乱前夕郁郁而终。他的一生见证了大唐盛世的辉煌，而他的陨落更意味着王朝基石的崩裂，随之而来的是盛世的凋零和无尽的纷乱。本文主要记述王忠嗣一生征战沙场的丰功伟绩及其被构陷而死的悲惨结局，进而揭示大唐由盛转衰的关键原因。

承继父业，少年矢志从军

王忠嗣，本名王训，出身太原，祖上名人辈出，其伯公更是位列初唐四杰之一的王勃。但在那个热衷开拓进取的年代，对比在馆阁中舞文弄墨，大多数热血青年更愿意沙场建功。于是，王训的父亲王海宾便投笔从戎，靠着战场积功，做到了九原太守、丰安军使。开元二年（714）七月，王海宾率军驻屯萧关，正逢吐蕃进犯，朝廷以陇右防御使薛讷为主将，率郭知运、安思顺等将讨伐吐蕃，薛讷以王海宾为先锋，与吐蕃激战于渭州武阶驿。吐蕃军溃败，王海宾率军紧追不舍，吐蕃逃至洮水，背水列阵，王海宾率轻骑赶到，与吐蕃展开激战，唐军诸将妒忌王海宾的战功，按兵不动，致使王海宾陷入重围，终因寡不敌众而战死疆场。王训时年9岁，被唐玄宗召进宫中，因父亲沙场捐躯，王训悲愤至极，"意苦而羸行绝地，辞哀而迸血沾衣"，连唐玄宗也颇为动容，感叹道，"此去病之孤，吾当壮而将之，万户侯不足得也"。于是赐王训名为忠嗣，收养于宫中，陪伴忠王李亨，李亨对王忠嗣很尊重，以兄长视之。王忠嗣虽成长于环境优渥的宫中，却没有富家子弟的骄矜，长大之后，勇猛刚毅，好研习兵法，颇有其父遗风。唐玄宗与他谈论兵法，王忠嗣对答如流，玄宗颇为惊讶，认为他日后必能成为一代名将，于是倾力培养，在王忠嗣还不到20岁的时候，玄宗便任命他为代州别驾、大同军戎副。初入军旅的王忠嗣兴奋异常，经常率轻骑出塞，主动寻找与胡人作战的机会。他勇武过人、箭法超群，使得胡骑都不敢靠近。消息传到长安，李亨很为这位兄长担心，便向玄宗进言说王忠嗣太过勇猛，恐怕战场有失，唐玄宗也怕王忠嗣遇险，便将他召回朝中，在禁军任职。王忠嗣因感于父亲殒命沙场之痛而经常偷偷流泪，唐玄宗颇为感动，于是让王忠嗣以中郎将的身份跟随徐国公萧嵩出塞，目的是让他能继续在军中锻炼，但为了避免意外，玄宗让萧嵩对王忠嗣多加看护，从不让他担任先锋，或者独自率军作战。就这样，王忠嗣在河西镇度过了3年的军旅时光，等到开元二十一年（733），萧嵩将要入朝为相，王忠嗣按捺不住，直接到张掖的河西军行辕拜见萧嵩，希望他能给自己一次战场立功的机会。萧嵩当然明白王忠嗣的心思，于是便给了他一次统军出战的机会。王忠嗣率领700名弓弩手，转道西南，直奔吐蕃辖境而去。当到达郁标川时，迎面正遇上吐蕃赞普检阅军队。只见吐蕃军旌旗蔽日、剑戟如林，又逢天降大雨，唐军的弓弩无法发挥作用。眼见敌我力量悬殊，王忠嗣的部将都劝他引军稍退，暂避锋芒。王忠嗣则不以为然，对将士说道："眼下两军遭遇，此时撤退必会使吐蕃人认为我们怯惧而展开追击，一旦如此，我们必会伤亡惨重。"他命令部下舍弃弓弩，直冲吐蕃军阵。唐军反复冲击，斩杀吐蕃士卒千余人，吐蕃人被这突如其来的袭击打乱了阵脚，纷纷溃败，唐军获得大胜。在长安的唐玄宗李隆基听到王忠嗣疆场立功的消息，亲自在勤政楼检阅了他的军队，并授王忠嗣执金吾之职，之后其又累功升任左威卫将军、代北都督。从此，王忠嗣正式成为唐军的一员战将，开启了他辉煌的军事生涯。

宣威塞北、西南，将军身兼四镇

王忠嗣在疆场上的神勇表现使他在群星闪耀的盛唐军队中脱颖而出，开元二十八年（740），年仅35岁的王忠嗣升河东节度使，自此开始掌帅一方。因与玄宗的感情特殊，王忠嗣深受信赖，被皇帝倚为屏障，多次率军奔赴各处，解决战局之困。当时大唐疆域万里，边境绵长，周边少数民族众多，除了实力雄厚的吐蕃、突厥，契丹、奚等部族也时叛时附，经常侵扰大唐边境。这些部族生长于深山野林之间，来无踪，去无影，唐廷疲于应付，损失严重，连夏官尚书王孝杰、河西节度副使郭英杰等名将都在作战中阵亡。为彻底解决北方边患，唐玄宗多次派重兵北伐，深入塞北打击这些部落势力。而恰在此时，契丹内部发生变乱，开元十一年（723），契丹王李郁于病死，权臣可突于立其弟李吐于为主。因可突于弄权，李吐于颇为

图 7-2　唐贴金彩绘骑马俑

忌惮，于是携妻逃奔唐朝，不敢回契丹。可突于又立李邵固为王，之后又废杀之，改立遥辇屈列为王，裹挟本部及奚族部众投降突厥。开元二十年（732），信安郡王李祎率河东、河北诸军在枹白山大破契丹、奚联军，可突于远遁，奚王李诗琐高率5000余帐投降。开元二十二年，河北采访使张守珪策反契丹将李过折，使其斩杀可突于和契丹王遥辇屈列。开元二十三年，可突于部将耶律涅里（耶律阿保机始祖）杀李过折，拥立迪辇组里为阻午可汗。经过一系列内乱，契丹部势力被严重削弱，而奚族则趁此机会发展壮大，继续借着突厥的势力时常侵扰大唐的边境。虽然奚、契丹等部落实力远不及唐朝，但是，为了专心对付西南强大的吐蕃，唐玄宗决定彻底解决这些后顾之忧。天宝元年（742），玄宗钦点王忠嗣作为北伐主将，征讨东北的奚、契丹诸部。当时王忠嗣正在朔方节度使任上，朔方镇的治所本在灵州（今宁夏灵武），主要担负西北边防之责。李隆基亲选这位西北军将领来解决东北边患的问题，可见对王忠嗣本人的信赖。于是王忠嗣率部将郭英奇等人，带领朔方军主力由灵州出发，经河东镇出塞，直扑奚人的老巢。奚人没想到唐军会来得这么快，他们之前刚刚击败了唐将赵承先所部，缴获了大批辎重粮草，还没来得及庆贺，王忠嗣便率军杀到。在桑干河，唐军骑兵与奚族怒皆部遭遇，经过一番激烈的搏

图 7-3　唐玄宗李隆基像

战，奚人大败，唐军一举夺回了之前被虏获的物资。奚人当然不会善罢甘休，他们马上纠集了本族及契丹部联军20万人，企图复仇。哪知唐军进兵神速，还没等这些部族缓过神来，王忠嗣就率部杀到。仓皇之间，这些装备简陋的游牧骑兵根本不是唐军的对手，20万人全军覆没。经此一战，契丹、奚等部元气大伤，他们纷纷上表请降，再不敢与唐朝为敌。

在平定了契丹诸部的祸乱之后，唐玄宗开始专心对付塞北最强大的势力——后突厥汗国。突厥本是公元6世纪之后北方草原最强大的游牧民族，他们控制的疆域一度东至辽东，西达咸海，实力雄厚。唐太宗及唐高宗前期，经过唐军的数次打击，东突厥及西突厥汗国相继覆亡，唐朝在此设置都护府，使塞北正式成为中原王朝的版图。可到了唐高宗后期，由于朝廷内讧不断，无暇顾及塞北，致使一些留居塞北的突厥贵族心生异志。唐高宗永淳元年（682），原东突厥颉利可汗族人阿史那骨咄禄在漠北的乌德鞬山设牙帐，自立为颉跌利施可汗，正式恢复突厥汗国，一度发展至疆域万里，控弦40万的强大割据势力。唐玄宗时期，由于唐军的数次打击，加上周边部族的不断进犯及突厥统治阶层的内讧，突厥汗国逐渐分崩离析，原来依附突厥的回纥、葛逻禄、拔悉密等九姓铁勒纷纷独立。唐玄宗借此机会想劝说新即位的乌苏米施可汗归附唐朝，但乌苏米施可汗归却不愿顺从。玄宗于是再调王忠嗣屯兵碛口，乌苏米施可汗畏惧唐朝军威，假意投降，但却一再拖延时间，企图拉拢各方势力与唐朝对抗。于是，王忠嗣联合拔悉密、回纥、葛逻禄等部进攻后突厥，乌苏米施可汗败走。王忠嗣进兵突厥右厢，西叶护阿布思、西杀葛腊哆等率领部众千余帐，先后降唐。拔悉密又趁机攻杀了乌苏米施可汗，突厥残部拥立其弟鹘陇匐白眉特勒继位，是为白眉可汗，但突厥大势已去，王忠嗣趁机挥师急进，又破后突厥左厢阿波达干等11部，而白眉可汗也于天宝四载（745）被回纥部首领骨力裴罗击杀，后突厥覆灭，从此退出历史舞台。王忠嗣率军凯旋，唐玄宗非常高兴，晋升王忠嗣为御史大夫，兼任河东节度采访使，封清源县公。之后陇右节度使皇甫惟明在与吐蕃作战中兵败石堡城，唐玄宗于是又任命王忠嗣为西平郡太守、判武威郡事，相继兼任陇西、河西、朔方、河东四镇节度使。王忠嗣一人身佩四镇帅印，提兵数十万，控御万里边疆，声威超越了以往各朝名将，甚至连后来权倾一时的安禄山也难以望其项背。但令王忠嗣意想不到的是，就在他的功业走向巅峰之时，厄运也正悄然向他袭来。

直言进谏，忠嗣惨遭构陷

王忠嗣一人身兼四镇震动了朝野，更招来了一些逸邪奸佞之人的嫉恨。天宝时代，随着大唐盛世的来临，做了20多年太平天子的唐玄宗也逐渐怠于政事，开始追求享乐。他罢免了正直敢谏的宰相张九龄，任命李林甫执掌朝政。李林甫其人善于揣摩皇帝的心思，他借着玄宗倦怠国事之机，把持朝政，任用私人。当时，朝廷有惯例，立功的节度使可入朝为相。李林甫生怕这些功勋卓著的将帅入朝为官会威胁到他个人的地位，于是挖空心思想要压制这些将帅的威势。他起用胡人出任边将，因为这些人文化素养较低，很难入朝主政，不会威胁到他的地位，安史之乱的祸首安禄山就是因为出身胡人，又善于逢迎，而被李林甫看中，得到步步升迁的。随着地位的提升，安禄山的野心也越来越大，他以防御契丹、奚等部族为名，在范阳北筑雄武城，将他的嫡系部队和精良军器私藏于此。为了扩充实力,安禄山还看中了王忠嗣麾下的边军精锐,他以协助修建雄武城为名,约请王忠嗣前往,想借机截留王忠嗣的军队。王忠嗣早于约定的时间到达,没见到安禄山,却看到了他修筑的险关和私藏的军队。王忠嗣不由得大惊失色,立即率军返回,向唐玄宗控诉安禄山的种种不轨行为。而此时的唐玄宗早已没有了开元时期的明达,他错把安禄山的谄媚当作忠心,更没能明辨李林甫的口蜜腹剑,却把王忠嗣的忠言当作耳旁风,使得安禄山的势力逐步扩大,终成祸乱始源。

图7-4 描绘盛唐气象的《虢国夫人游春图》

王忠嗣的忠言没有引起唐玄宗的重视,却招来了李林甫的嫉恨。本来王忠嗣身兼四镇,重兵在握,就被李林甫看成劲敌,而王忠嗣不断参奏自己提携的安禄山,更被李林甫视为对他本人权力地位的挑战,所以李林甫挖空心思,时刻准备扳倒王忠嗣,除掉这个心头之患。恰在这个时候,唐玄宗的一个决策送给了李林甫陷害王忠嗣的机会。

原来在攻灭漠北突厥人的势力后,唐朝塞北一带的边患暂告平息,唐玄宗把目光再次投向了位于西南一带的吐蕃。此时唐朝与吐蕃的战争已延续了百年,双方互有胜负,虽然唐帝国的军力、国力远非吐蕃所能及，但好勇斗狠的吐蕃人还是让强大的唐朝吃尽了苦头。这一切在好大喜功的唐玄宗眼里是不可接受的，他一心要彻底征服吐蕃，以实现一统海内的理想。当时唐蕃战争主要在河陇和西域进行，而河陇一带是主战场，唐军在这里修筑堡垒，固守险要，同时伺机进攻，吐蕃则依靠黄河九曲之地，不断攻掠河陇一带。为了改变对峙的形势，争取战争的主动权，唐玄宗把目光投向了河湟地区的石堡城。这里是沟通青藏高原与中原内地的一处战略要地，是吐蕃人在攻灭吐谷浑后修建的要塞。开元十七年（729），唐信安郡王、朔方节度使李祎曾以长途奔袭的战术率部一举攻克石堡城，并在此建振武军，以备固守。可是后来镇守此处的河西、陇右两镇节度使盖嘉运疏于防范，以致石堡城又被吐蕃攻占。为夺回这个战略要地，唐玄宗企图调王忠嗣率西北各镇兵马进攻石堡城，可是王忠嗣对此却表达了不同的看法。因为节制河陇诸镇多年，王忠嗣曾数次率军与吐蕃作战，对这一带的山川地理很熟悉，他深知石堡城地处险要，易守难攻，之前李祎率军奇袭石堡城得手是因为攻敌不备，眼下吐蕃在此驻有重兵，防守严密，一旦唐军贸然发动进攻，必会损失惨重，于是他向玄宗进言，说当前并不是进攻石堡城的时机。王忠嗣的进谏完全是出于公心，但玄宗却一点也没听进去。将军董延光看出了唐玄宗的心思，于是请求率军进攻石堡城。唐玄宗很高兴，下诏命令王忠嗣分兵接应他，王忠嗣不得已而接受诏命，但没有积极执行。这时，王忠嗣的部将、河西兵马使李光弼察觉出情形不妙，急忙向王忠嗣进言：

向者大夫以士卒为心，有拒董延光之色，虽曰受诏，实夺其谋。何者？大夫以数万众付之，而不悬重赏，则何以贾三军之勇乎？大夫财帛盈库，何惜数万段之赏以杜其谗口乎！彼如不捷，归罪于大夫矣。

李光弼劝王忠嗣积极执行玄宗的诏令，可是眼见进攻时机不对，王忠嗣没有听从李光弼的劝告，他说道：

李将军，忠嗣计已决矣。平生始望，岂及贵乎？今争一城，得之未制于敌，不得之未害于国，忠嗣岂以数万人之命易一官哉？假如明主见责，岂失一金吾羽林将军，归朝宿卫乎！其次，岂失一黔中上佐乎？此所甘心也。虽然，公实爱我。

王忠嗣的回答使李光弼深深敬佩，可是，他的这种行为也招来了董延光强烈的不满。最终，唐军并没能如期攻克石堡城，董延光上书玄宗，把所有的责任都推到了王忠嗣身上。在旁一直窥视王忠嗣的李林甫立时抓住机会，指使党羽、济阳别驾魏林诬告王忠嗣，说王忠嗣任河东节度使时，曾经说："早年与忠王在宫中一起生活，我愿意尊奉太子。"这可触动了玄宗的神经，李隆基本人对权力的控制欲极强，甚至曾因此误杀了李瑛等三位皇子，眼下王忠嗣手握重兵，却对玄宗的命令置若罔闻，这下犯了大忌。盛怒之下的唐玄宗不辨是非，立刻将王忠嗣召回朝廷，先是重加训斥，不等王忠嗣辩解，就将他打入监牢，命三司对他严加审讯。李林甫更指使党羽对王忠嗣百般折磨，几乎要将他陷害致死。王忠嗣的部下都为他鸣冤，大家凑集钱财，借着唐玄宗召哥舒翰入朝之机，让他打点审案官为王忠嗣伸冤，但哥舒翰却说："若直道尚存，王公必不冤死；如其将丧，多赂何为！"于是他只身前往长安。哥舒翰是王忠嗣一手提拔起来的将领，因他擅使长枪，勇冠三军，跟随王忠嗣屡立战功，连唐玄宗也很赞赏哥舒翰的才干。哥舒翰来到长安，见到了唐玄宗，交谈之间，玄宗很高兴，于是决定让哥舒翰代替王忠嗣，出任陇右节度支度营田副大使，知节度事。听到玄宗的任命，哥舒翰并没有显露一丝喜悦，他立刻跪拜在玄宗面前，极力向玄宗表明王忠嗣的冤情，李隆基先是一惊，后来面色逐渐阴沉，哥舒翰苦苦哀求皇帝赦免王忠嗣，甚至请求用自己的官爵换取玄宗对王忠嗣的宽恕，可唐玄宗已经听不下忠言，拂袖而起，向内廷走去。哥舒翰紧跟在玄宗的身后，一边叩头，一边声泪俱下地为王忠嗣求情，言辞慷慨，令人动容。唐玄宗终被感动，也明白了王忠嗣的冤情，他颇为感叹地对哥舒翰说："有你这样的部下，忠嗣确不该死。"于是赦免王忠嗣的死罪，将他贬为汉阳太守，还没等王忠嗣赴任，又转任他为汉东郡太守。史书上没有记载王忠嗣最后的时间是怎么度过的，只说他在贬官汉东太守的次年就暴病身亡。可以看得出，在生命的最后，王忠嗣也许仍在遭受奸相李林甫等人的迫害，他的内心定会充满对唐玄宗昏聩与无情的悲愤，他也更能感受到大唐盛世下隐藏的种种危机，可是面对这一切，他已经无能为力了。

天宝十四载（755），也就是王忠嗣病逝6年后，被他视为奸党的安禄山起兵叛乱，朝廷的中央禁军一触即溃，洛阳、长安相继失陷，唐玄宗率皇室、随从仓皇逃往成都。身为太子的李亨北上灵武，即皇帝位，遥尊玄宗为太上皇，召集朔方、陇右、河西、河东等原王忠嗣麾下的诸镇兵马讨伐安禄山，郭子仪、李光弼等这些被王忠嗣提拔培养的将领率军深入河南、河北与叛军作战。经过近8年的奋战，叛乱终被平定。唐玄宗又回到了长安，可他早已不是当年那个一言九鼎的大唐天子，而眼前的京都也没有了之前的繁华，到处是战争留下的残垣断壁，冷寂凄凉，唐玄宗本人最后也被变相软禁在西内，成了真正的孤家寡人。除了追念昔日的恋人杨贵妃，唐玄宗的脑海里还经常浮现大唐当年的繁华盛景，而这一切都已被安史叛乱击得粉碎。此时，玄宗一定会回想起王忠嗣，这个曾经亲手培养起来的国之栋梁，却又因自己的昏聩而亲手将他毁灭，以致最终奸佞作乱，家国沦丧，最后留给李隆基本人的只剩下无尽的唏嘘与悔恨。

漫话北京明代要塞

文 | 中国国家图书馆　易弘扬

北京是明代绝大多数时期的首都，其防卫工作一直是明代帝王和朝中大臣所关注的重要事务。在修建长城这一浩大工程时，北京也自然成为重点防御的对象，居庸关、八达岭、慕田峪，都是人们耳熟能详的地方。然而说到同样重要，却没那么大名气的明代要塞，知道的人就比较少了。

明代边墙防御体系，又称"长城防御体系"。事实上，今人所谓"长城"，是由边墙、壕堑、关口、边堡、烽燧和敌楼共同组成的，远非只有边墙——狭义上的长城单一组成。宝鸡文理学院历史系彭曦教授也曾提出，长城有三个子系统：城（墙）、烽（燧）、障（塞），这三者缺一不可。[1] 这些子系统共同组成了长城的防御网。

[1] 彭曦：《十年来考察与研究长城的主要发现与思考》，《长城国际学术研讨会论文集》，吉林人民出版社1995年版，第277页。

边堡，是明代散落在边墙内的一座座或大或小的要塞，是屯兵系统最小的单位。边堡（驻兵）、所城（屯田储粮为主）、卫城（驻兵与屯田并重）、路城（一路的指挥中心，以指挥作战为主）、镇城（军事指挥中枢与行政衙署驻地），由小到大、由低到高，形成了明代边镇的军事聚落的层级体系。边堡又可细分为堡城和堡寨。堡城一般最高长官为守备，负责统领本堡城所属堡寨戍军，同时还负责本防区的长城、瞭望台和烽火台等工程设施的守卫，驻军通常为几百人，堡城的规模通常也略大些；而堡寨的最高长官通常为把总或操守，其仅负责堡寨附近若干里长城以及墩台的瞭守，驻防人数仅几十人，堡寨规模也比较小。

在烽传系统中，军情通过旗语、火焰、烟雾和号炮，由沿边烽火台传递给所属边堡，再由边堡传递给上级路城和镇城。在防御系统中，如敌军突破外部长城，驻守在内侧堡城的士兵可以发起抵抗；如敌军突破防线，则内部长城的边堡会继续阻击，并有游击将军带领游击部队进行策应。只有再突破这道防线敌军才有可能接近卫城和镇城。❶ 下面，就让我们来看看北京保存下来的几座较为完整和完善的明代要塞。

❶ 李严、张玉坤、李哲：《明长城防御体系与军事聚落研究》，《建筑学报》2018年第5期。

鹞子峪堡

鹞子峪堡，位于北京市怀柔区黄花城乡鹞子峪村，是京郊传统村落之一。其名称"鹞子"二字来源于该

图 8-1　鹞子峪堡（易弘扬/摄）

图 8-2　《四镇三关志》图版中的鹞子峪口（红圈中）

地区一种猛禽鹞鹰，鹞鹰名字中带"鹰"，实际上比鹰要小，但也会像鹰一样捕食其他小型的鸟类。

根据鹞子峪堡城门洞竖刻"万历二十年十秋吉旦立"和"山东左营中军指挥法一箴千总指挥王印、高令督修"，鹞子峪堡应建于明朝万历二十年（1592），属于明九边重镇中蓟镇下属昌镇黄花路黄花镇。该堡地处黄花城长城三道关口中二道关以内，一般认为是明代用于屯守二道关官兵的边堡，是向南拱卫黄花城的北部桥头堡。

图 8-3　黄花城长城（易弘扬 / 摄）

鹞子峪堡南城墙长 102 米，北城墙长 91 米，东西城墙各长 78 米，城墙厚 4 到 5 米，为砖石垒砌，仅南城墙有一拱圈城门，高 3.6 米，上刻"鹞子峪堡"四字。鹞子峪堡是座规模很小的堡寨，也可称之为"墩堡"，其属于内部长城的边堡。鹞子峪堡依山势而建，北高南低，两侧为高山，只有一条沟可以通往二道关，从天空俯视整个要塞呈梯形。

鹞子峪堡以西为鹞子峪隘口，据明代《四镇三关志》记载，鹞子峪隘口建于嘉靖二十三年（1544），是极要冲的地方，其附近的游牧部落往往由东南韩家川、老长城进犯此处，明嘉靖年间巡抚陈学夔在其《议处未尽事宜以足防守疏略》中也称鹞子峪为"要害"。据《西关志》载，鹞子峪口原有正城一道，城楼一间，水门二空。梢墙二道，敌台二座。嘉靖朝时有驻军三十名。起初，鹞子峪口归属居庸关东路，后于嘉靖三十年（1551）划归黄花路。

今日鹞子峪除了城墙和城门，称得上"古迹"的只有一株古槐和北端台阶上菩萨庙旧址。城内建筑以南门为轴，左右划分为两个区域，东侧以旧宅为主，西侧则以翻修新建筑为主。住在古城内的年轻人几乎都外出务工，只留部分老人留守，总共不足 20 户。漫步古城之中，面积虽不大，但石板路、石磨、古槐、古院落和城墙，处处都能感受到古城的古朴和沧桑。

宛平城

位于北京市丰台区卢沟桥以东的宛平城，以其驻军在卢沟桥事变中英勇抗击日军而闻名。但鲜为人知的是，这座要塞最初是明崇祯帝为加强北京军事防御而修建的。彼时关内农民起义已呈燎原之势，关外皇太极则于崇祯九年（1636）称帝，国号为清，明朝统治岌岌可危。为此，崇祯帝采纳朝臣"卢沟畿辅咽喉，宜设兵防守，又须筑城以卫兵"的建议，在卢沟桥旁修建这座要塞，最初起名"拱极城"，设置参将在此驻守。因其规模小，形制不同于一般城镇，城内并无街市、鼓楼，故又名"斗城"。

拱极城于崇祯十一年（1638）动工，耗时两年半，于崇祯十三年夏完工，共费银1328万两。建成后的拱极城号称"局制虽小，而崇墉百雉，俨若雄关"。城内有主干道一条，南北宽约320米，高7.18米，周长1920米，面积约为204800平方米。根据《明太监武俊自述碑》记载，拱极城有"城楼二座，闸楼二座，瓮城二座，角台四座，角楼四座，中心台二座，敌楼二座，小敌台四座，兵房十二间，马道八道，门楼八间，城上旗杆十二根"。此外，该城还有东西两个城门：东门"顺治"，西门"永昌"，城门均有瓮城和城楼，城的四角还有角楼。城墙上，外侧有垛口，其上有望孔和一层盖板，前者可以射击攻城的敌军，后者则可以作为掩体。❶

明清易代以后，清廷对宛平城略有修葺，并将永昌门更名为威严门，设西路捕盗同知于此驻守。宛平县政府迁过来后，拱极城改称为宛平城。

遥桥谷堡、吉家营堡、小口堡

在北京众多的明代要塞中，密云区可能残存的要塞最多，共有70多座之多，其中遥桥谷堡、吉家营堡、小口堡同属明代蓟镇西协曹家路管辖，又都在密云区新城子镇，且都保存较为完好，故以这三座城堡为例。

遥桥谷堡位于新城子镇遥桥峪村，始建于明洪武

❶ 周进：《宛平沧桑》，《前线》2005年第7期。

年间，万历二十七年（1599）重修。关于遥桥峪的名称，有个传说。因村子北靠群山，南临安达木河，水自西向南流过。早年间水势较小，于是冬春两季在河上架桥以渡，因桥不稳而称"摇桥"，时间久了，"摇桥"就变成了"遥桥"。

从高空俯瞰，遥桥谷堡呈梯形。据现存于城门上的《遥桥峪古堡志》记载，该堡东西长达 163 米，南北宽达 135 米，城墙高 7 米，顶部宽 4 米，周围总长 450 米，由大块山石堆砌而成，中间缝隙填充白灰。城墙的四角有垛角，四周过去设有角楼，今已不存。设南门一座，硅石基座，周长 49 米，高 10.5 米，上有二坡三重砖木城楼一幢，旧有一石匾额"遥桥谷堡"，今人替换成"遥桥古堡"。遥桥谷堡在《四镇三关志》和《日下旧闻考》中都称"遥桥谷寨"，"寨"一般通"砦"，即营垒之意。全城目前基本完整，堪称密云区保存得最好的要塞。

图 8-4 遥桥谷堡（易弘扬/摄）

目前的遥桥谷堡在 2002 年经过修缮，城墙已不与旧时完全相同。据说当时堡内有 50 户明代戍边将士，现在则有人家 46 户，100 余人，主要以务农和旅游接待为业。

遥桥谷堡往西南七八千米便是吉家营堡。据《四镇三关志》记载，吉家营堡建于洪武年间，也算是明代最早一批建设的要塞。万历四十八年（1620），吉家营堡重修，重修后东西长 240 米，南北宽 165 米。该堡有东西两座门，为拱券门洞且各有石额，分别为镇远门和吉家营门，两座城门并不正对。两门宽 1 丈 2 尺，城楼高 3 丈，上曾建有寨楼。全城周长大约有 1 千米，城墙高约 7 米，宽 6.5 米。城墙下部为条石，内侧为本地大块毛石，墙体内填充碎石白灰灌浆，上面为包砖。目前的城墙包砖保存不如遥桥谷堡完整，主要集中在城门两侧，其中一侧还保存有垛角。这座要塞据说同时有屯兵和训

图 8-5 吉家营堡（易弘扬 / 摄）

练士卒的作用,东门外有演武厅、教练场等设施,其西北则还有官地 10 余亩,可能是军队操练的场所。吉家营堡曾有庙宇 9 座,但现均已不存,目前仅存古树、碾盘、古井等。

在遥桥谷堡和吉家营堡二者中间靠北的位置是小口堡。小口堡建于明朝初年,万历三十七年(1609)经过修整。据城中碑文记载,整修后的小口堡"城八十五丈三尺,底阔一丈四尺,收顶一丈,高连垛口二丈三尺,俱用灰泥砌石填心"。起初,小口堡被称作将军台砦或是将军台堡,《日下旧闻考》有:"曹家路东自小台儿砦西至将军台砦,延袤一百三十五里。"《四镇三关志》则记载:"将军台洪武年建,通步,缓。"至于为何被称为将军砦或是将军台,可能当时确有武官在此练兵。或者另有一种可能,小口堡以北三里有一座山,名为"将军台山",其山状如将军而得名,有可能当时小口堡因山

图 8-6 小口堡(易弘扬 / 摄)

而名将军台。在今日小口村往东的公路旁,还竖立着刻有"将军台"三字的大石。至于"小口"之名,这个名称是在抗日战争时期更改的,据说小口堡的城门小,因而名之。

小口堡以北依山而建,整体地势北高南低,呈不规则扇形。小口堡城墙用鹅卵石堆砌,白灰浆填缝,平整而结实。南城墙长几十米,东城墙长上百米。西墙和北墙因山势而建,呈半圆形,上垛口今已不存。全城仅设南门,除该门于1978年修建遥桥峪水库时拆除外,全城保存较为完好。❶

小口堡整体规模不大,但城内目前遗存古迹却较遥桥谷堡和吉家营堡为多。小口堡内有一座关帝庙,该庙始建于元代后期,明清时皆有修缮,2004年又加

❶ 高文瑞:《密云城堡踏勘》,中国纺织出版社2021年版,第146页。

图8-7　小口堡关帝庙内景(易弘扬/摄)

以修缮，为四合院式建筑，有东西配殿、南殿、北边东西两侧大殿各3间。其中南殿为马王庙，北边东侧为关帝殿，北边西侧为娘娘殿。正殿两侧走廊和墙上有壁画，大殿梁柱枋也描绘有各种图案。

九眼楼营盘遗址

九眼楼营盘遗址位于延庆区九眼楼长城西侧约350米的半山腰上。这座营盘并不是一个传统意义上的独立要塞，它是附属在长城边墙上的，是北京比较少见的要塞风格。据《北京市延庆县地名志》记载："九眼楼为明嘉靖二十二年（1543）巡抚都御史王仪建，中间有大小红门，西至岔道羊头山，东至四海冶，长160华里，设五口，红门左右修墩14座。九眼楼在该边垣最东端四海乡石窑村南5里火焰山，高7.8米，有九个瞭望孔连接三道边墙，四海若有警，南山边垣举炮火，顷刻可以达居庸关。"

九眼楼是瞭望的墩台，而营盘则是兼具官兵生活和驻防功能的要塞。营盘遗址平面为不规则的长方形，依宣镇南山路长城而建，北城墙上开有城门，上有楷体阳刻"威严"二字门匾，其上款为"万历岁次戊午（1618）秋吉旦"字样。营盘西城墙长约100米，北城墙长约45米，南城墙长约50米，均为毛石垒砌而成。❶营盘城墙上还有真武庙、狐仙庙各一座。

❶ 范雪新：《以九眼楼长城保护利用为契机，推动延庆区长城文化带建设向纵深发展》，《中国长城学会2020年专题论文集》，第14页。

通常来说，营盘内的建筑应包括军官指挥议事用房、单身士卒住房、随军家眷住房、辎重库房、马厩、水井、练兵场等，其中与一般兵士最密切的应当是住房，或称营房。明代九边地区营房建设主要经费来源于户部和兵部，而主要由工部主持修建。其中经费拨款形式有中央拨款、卫所拨款和地方筹措，前两者来自官方拨款。根据目前长城沿线遗迹来看，明代北疆营房主要有石、砖和夯土三类材质，再辅以木材和砖瓦。其中石砖为多，常见于河北、天津和辽宁地区，夯土常见于宁夏地区，而砖砌则较少。营房的规格据《明太祖实录》记载，"间广一丈二尺，纵一丈五尺"，即每间宽约3.7米，纵深4.7米，十间相连。虽然这描述的并非北疆地区营房，但大抵可

图 8-8 九眼楼营盘遗址（易弘扬/摄）

用来参考。不过，长城沿线地理环境复杂多样，实际情况也多有不同，从目前考古所得结果看，营房长、宽均无定制，每间营房居住官兵人数也不尽相同，从一人一间到六七人一间均有。

除以上几座边堡和要塞，其实北京还有许多要塞，但限于篇幅只能着重介绍这几座保存较为完好和比较有代表性的要塞。目前，北京境内大多数要塞面临着年久失修和疏于保护的窘境，笔者希望这篇文章能稍微唤起大家对这些古迹的兴趣，让更多的要塞得到关注和保护。

观象授时 闰余成岁
——中外历法漫谈

文 | 山东省淄博市政府　郑强

"野人无历日，鸟啼知四时。"——宋·陆游《鸟啼》
"山中无甲子，寒尽不知年。"——《西游记》第一回

　　如果有人问你，今天是几月几日、星期几，这个问题很好回答，甚至能脱口而出。如果再问，今天是农历几月初几，可能很多人不清楚，需要掏出手机来看一下，大部分国人除了春节期间几乎不关注农历。公历、农历都属于历法，每个人每天都在使用，但很多人是"百姓日用而不知"。社会上对历法也有一些误解，例如有人说"农历就是阴历"，有人认为公历与农历有固定的转换公式，等等。然而，这些说法都似是而非……

图 9-1　北京天文馆展厅

历法概释及分类

　　历法是什么？简单地说，就是通过观测、记录天象，推算日、月、年的时间长度，确立三者之间的关系，排定日、月、年的序列。

　　我们平时挂在嘴边的"年""月""日"在天文历法中一般称为"历年""历月""历日"。"日"的周期最短、最容易确定，因此，"历日"是天文历法的最小时间单位。

　　"月"的周期在天文历法中称为"朔望月"，农历每月初一为朔日、十五日为望日，朔望月是月相盈亏的平均周期，平均长度为29.5306天。

　　相对于日和月，年的尺度最长，最不好确定。由于条件限制，古人无法直接对太阳进行观测，只能采取间接方法即"立杆测影"，通过设立圭、表观察太阳投射到地面影子的长短变化过程来观测记录。"一年"就是日影长短变化、循环往复的一个周期。例如，测得某一天日影最长（北半球冬至），到了下一个这样的日子就是一年。

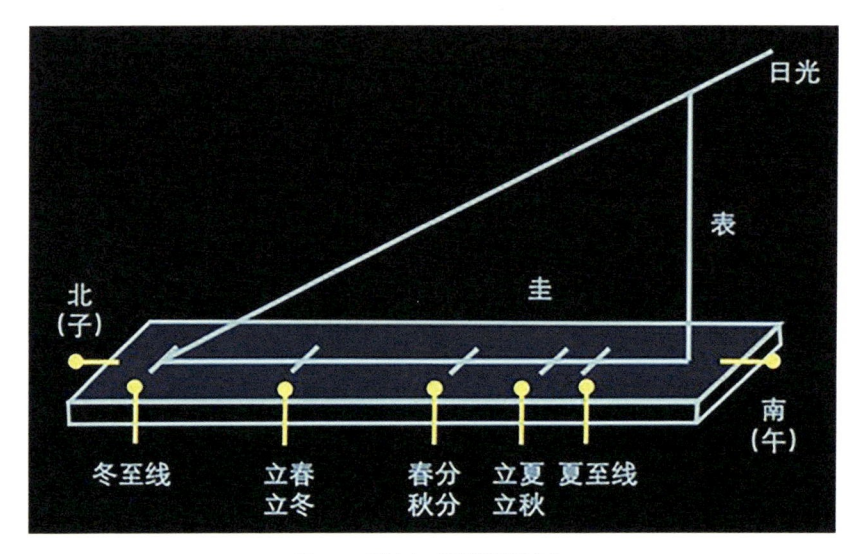

图9-2 通过圭、表观测日影变化

现代人知道是地球围绕太阳公转，但古人认为是太阳在以星空为背景的天空中运动，将太阳视运动的轨迹假想为一个大圈，称为"黄道"，太阳在黄道上运行一圈即为一年，中国古代称为"岁实"，现代称为"回归年"，周期为365.2422日。

如果以历日为基准作为1，那么问题来了，一个历月（朔望月）在29和30日之间；一个"历年"（回归年）在365和366日之间；一个回归年平均有12.369个朔望月，在12和13之间，都不是整数倍。一天不能安排在两个月内,一月也不能安排在两年里,这可麻烦了!三者之间不是整数关系,人们就得想办法将其变成整数关系,这就要求历法既要精密(与天体运动符合)、又要近似(历日、历月取整数),极度考验古人的智慧。

历法是古代最重要的发明创造之一,世界几大文明古国,都有自己独特的历法体系。以中国为例,自最早的历法夏小正开始,先后有四分历、太初历、乾象历、大明历、授时历等多种历法。古今中外历法虽多种多样,但大体可以归纳为三类,即根据月相圆缺变化周期为基础制定的阴历、以太阳周年视运动引起寒暑变迁(回归年)为主要依据制定的(太)阳历,以及两者相结合的阴阳合历。

图9-3 北京古观象台黄道经纬仪

阴历的代表——伊斯兰历（回历）

月亮又称太阴，以观察记录朔望月周期为基础制定的历法称为阴历。世界上很多文明早期都使用过阴历，为什么？方便观察、测算。一个朔望月的周期在 30 天左右，比一日长、比一年短，对于生活节奏慢的先民来说，基本够用了。现在世界上还在大范围使用的阴历很少，最典型的是伊斯兰历法，又称回历。回历以公元 622 年 7 月 16 日为元年元日。1 年 12 个朔望月，平年为 354 日、闰年多一日为 355 日。每月以月牙初见的那一天为初一，大月、小月相互间隔，大月 30 天、小月 29 天，无闰月。由于 12 个朔望月共 354.3672 日，每年多出来 8 个多小时，3 年下来就多出一天，为了安置这一天就设置闰日，设置的规则是以 30 年为周期，在第 2、5、7、10、13、16、18、21、24、26、29 个年份设置闰日，安插在当年十二月。回历一年与一个回归年差 11 天左右，3 年下来就差了一个多月，18 年就差了 6 个多月。因此温带国家地区穆斯林过宰牲节、开斋节等节日寒暑不定，有的年份在最冷的时候，有的年份在最热的时候。

阳历的代表——现行公历（格里高利历）

各种历法当中，多数人最熟悉的是公历。公历是典型的阳历，历年分为平年和闰年，平年 365 天，闰年 366 天。一年有 12 个月，一月从 28 天至 31 天不等。与回历一样，公历也有"历元"，年份可以向前或向后无限推演。（与公历不同，中国传统农历无历元，按照六十甲子循环）

公历元年，按照基督教的说法是传说中耶稣诞生的那一年。由此可见，公历这种历法与基督教有密不可分的联系。其源头向前可以追溯到基督教出现之前的古希腊，定型完善是在古罗马共和时期，具体说是在儒略·凯撒（Julius Caesar）即西方人尊称的"凯撒大帝"手中完成的。公元前63年，儒略·凯撒当选为罗马大祭司，其中一项重要职责就是制定或修改历法。彼时罗马的历法已经十分混乱，儒略·凯撒邀请埃及天文学家索西琴尼斯（Sosigenes）帮忙制定历法。公元前46年，新的历法制定完成，史称"儒略历"。

儒略历依据当时测得的回归年长度365.25日为基础，其置闰规则是4年一闰，即逢4或4的倍数年份为闰年。一年有12个月，单月31天、双月30天，元旦定在冬至后的第十天。由于罗马惯例

图9-4 "儒略历"的命名者儒略·凯撒

是 2 月处决犯人，2 月被认为不祥，因此本来应该是双月的 2 月减去一天，变为 29 日（平年），每四年一闰增加的一天放在 2 月最后一天，为 30 日。这样还没完，由于后来执政的凯撒养子屋大维（Octavius）生于 8 月，屋大维觉得小月配不上自己，硬生生把 8 月增加了一天，新增的一天从 2 月中抽取。为了避免 7、8、9 三个月连续大月，又人为规定 7、8 月连大，9、11 月为小月，10、12 月为大月，把原来凯撒确立的单月大月、双月小月的规定彻底颠覆了。

儒略历既简单易行，又相对准确，但由于其确立的依据即回归年长度（362.25 日）比现在实测的长度长 11 分 14 秒，误差无法避免，大约每 128 年就要差一天。这个错误短时期内没有被发现，直到公元 4 世纪才被发现。怎么发现的呢？其发现过程与春分的日期有关。与古代中国重视冬至不一样，西方人特别重视春分。春分是基督教确定复活节的依据，复活节为每年春分之后月圆的第一个星期日。根据儒略历，春分在每年的 3 月 25 日，但到了公元 4 世纪，由于误差积累，实测到的春分日期为 3 月 21 日，与历日相差 4 天。这可怎么办？公元 325 年，罗马皇帝君士坦丁一世（Constantinus I）召开的尼西亚（Nicaea）会议制定了关于历法的决议，一是基督教世界统一采用儒略历，其他历法一律废止；二是由于当时测定的春分日已在 3 月 21 日，就将错就错并一劳永逸，春分永远定在这一天。

自此之后，西方世界一直使用儒略历，相安无事过了 1000 多年。但是由于儒略历与回归年的误差没有及时进行置闰调整，造成两者的误差越来越大。到了 16 世纪，由于误差积累，实际观测的春分已经到了 3 月 11 日，与历日的春分差了 10 天，儒略历到了不得不改的地步。

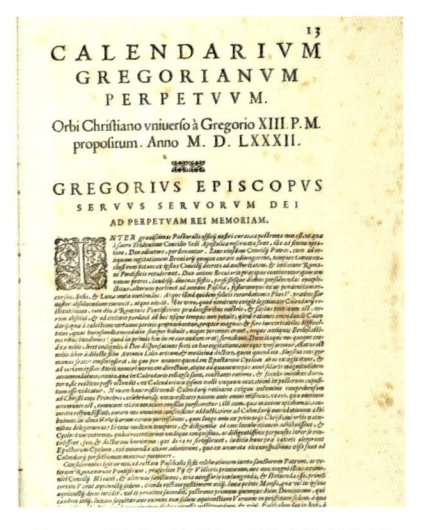

图 9-5　教皇格里高利十三世发布的改历诏书

公元 1582 年,由罗马教皇格里高利十三世(Pope Gregory XIII)主持,对儒略历进行了修改。改革的构想是尽量让历年的日期与回归年的长度最大限度接近,主要措施是调整闰年设置规则,每四年一闰不变,但只有被 400 整除的年份如公元 1600、2000 年为闰年,其他不能被 400 整除的年份如公元 1700、1900 年不闰。这样经过调整,每 400 年的闰年次数便由儒略历的 100 次,减少 3 次变为 97 次。这样更改后,历年的平均周期为 365.2425 天,与现在实测回归年只有 26 秒之差,每积累 3320 年才有一日的误差,已经非常精确了。改革后的历法称为"格里高利历"(后文简称格里历),即现行公历。值得一提的是,我国元代郭守敬在公元 1281 年制定的授时历,也达到了这样的精度,领先西方 300 多年。为了消除此前积累的 10 多天误差,教皇下令将 1582 年 10 月 4 日之后的次日改为 10 月 15 日,因此有 10 天在历史上凭空消失了。这一年,天主教国家西班牙、葡萄牙、波兰、法国、比利时等启用了新历法。因为消息传递缓慢,教皇同意某些来不及改变的地区可以改在 1583 年 10 月启用新历。

格里历很精确,但其应用受到地缘政治、宗教势力的干扰,当时在欧洲大陆上主要是天主教国家使用。英国是非传统的天主教国家,直到 1751 年,随着越来越多的国家采用格里历,英国才决定改历。

由于儒略历一年比格里历一年要"长",历法的变动需要改日期,减去一些天数,具体包括1582年减掉的10天,公元1700年多设置的一个闰年(按照格里历,该年不闰)多出来的一天,总共减去11天。1751年5月22日,英王乔治二世(George II)签署了更改历法的法案《切斯特菲尔德法案》(或称《1751年英国日历法》),法案规定1752年9月2日之后次日为9月14日。由于更改日历涉及合同、债务、工资等诸多社会领域,法案规定合同、契约等按自然日执行,避免有人因此平白无故受到损失。这一更改日期的法案还影响到英国地方议会选举,托利党人称新历为"教皇式的",对法案的推动者辉格党人进行攻击。当时的风俗画家威廉·霍加斯创作了一幅版画,题为《选举娱乐》,画中展示了一张标语牌,上面写着"把11天还给我们",这为英国此次历法改革在美术史上留下了印迹。

图9-6 威廉·霍加斯所绘版画《选举娱乐》,方框处写有"把11天还给我们"

由于天主教与东正教之间的矛盾，信奉东正教的国家采用格里历就更晚了。1917 年俄国爆发了十月革命，按照格里历是 11 月 7 日，但按照儒略历是 10 月 25 日，故有此称。俄国直到 1919 年才改用格里历。希腊和土耳其更晚，分别于 1923 年和 1926 年改行。

格里历即现行公历，由于其简便、准确度高的优点得到越来越多国家的使用，起先是在基督教世界，后来推广到包括中国在内的全球多数国家。

需要说明的是，现在的公元纪年的历元即公元元年并不是在当年确定下来的，而是在公元 532 年，这是出于基督教教义的考虑。因为 532 这个数字正好是一周 7 天、闰年周期 4 和月周（一定历日的时间，地球上看到月面形状变化的周期）19 年的最小公倍数。每过 532 年，复活节会在同一日期、星期和月相。公元 532 年之前的公元纪年都是后来逆推得出的。

中国特色的阴阳合历——农历

很多人有一种误解，认为传统农历是阴历，其实是错误的，农历并不是纯阴历，而是阴阳合历。阴历体现在哪里？阳历又体现在哪里？我们来看一下 2024 年 1 月 1 日的日历。

一本日历中的内容无论多与少，日历中的一些要素都是最基础的，不能少，其他是锦上添花的。右图中所示日历中，"2024 年 1 月 1 日　星期一"是公历部分；

图 9-7　2024 年 1 月 1 日的日历

"（癸卯年）十一月　廿日"是农历中的阴历部分。那农历阳历部分在哪里呢？这天日历中标注有"十一月廿五　小寒"，小寒是二十四节气中的倒数第二个，二十四节气就是农历中的阳历部分。

说起二十四节气，大家都不陌生，很多人会背诵《二十四节气歌》："春雨惊春清谷天，夏满芒夏暑相连。秋处露秋寒霜降，冬雪雪冬小大寒。"这是这首歌诀的上半部分，还记得下半部分吗？"每月两节不变更，最多相差一两天，上半年来六廿一，下半年来八廿三。"二十四节气平均分布在公历的12个月里，每个月有两个节气，上半年节气日期在6日、21日前后，下半年节气日期在8日、23日前后，最多相差两天。

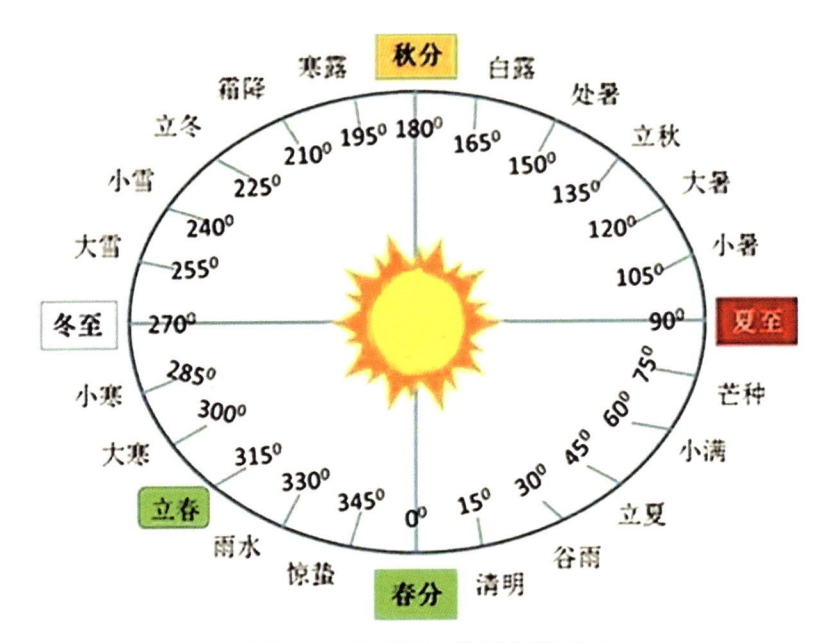

图9-8　二十四节气在黄道上的位置示意图

说到这里，可能有人还是不理解为什么二十四节气是阳历，怎么和太阳运动联系在一起。前面说过中国古人用圭、表观察太阳影子变化，日影最短的一天是夏至，最长的一天是冬至，有了冬至和夏至，一年就可以分为两半，在此基础上，古人发现一年中有两天日夜均分，这就是春分、秋分。有了夏至、冬至、春分、秋分4个时间点，确定了四时。以此类推，再细分下去，四时扩展为八节，即两至（冬至、夏至）、两分（春分、秋分）加上四立（立春、立夏、立秋、立冬），一年就有了8个关键的时间点，八节每一个再三分，就有了二十四个节气。西汉时期成书的《淮南子》记载了完整的二十四节气名称。西汉太初元年（前104）制定的《太初历》正式将二十四节气定于历法中。

二十四节气是根据观察太阳运动确定的，因此与公历的日期相对固定，最多相差一两天，为什么做不到一天不差，原因在于现在的公历有闰年和平年之分，二月份的天数有变化（28或29），因此两者做不到一天不差。与此形成对比的是，二十四节气与农历的差距就大了，在农历中没有固定日期。以立春为例，最早可在农历上一年的腊月十五，最晚可在当年的正月十五。

需要强调的是，节气不是一个时间段的概念，而是一个时间点。例如，2024年2月4日立春，日历上的标注为：16时27分立春，也就是说太阳运行到黄道上的立春点即黄经315度的时刻是16时27分，不是说这一整天都是立春。

二十四节气之首是立春，这也是农历传统新年在民国时期更名为春节的原因。说到立春，有一个很有趣的关于属相的争议。以2024年为例，立春是公历2月4日，即农历癸卯年腊月二十五，农历甲辰年要从公历2月10日（正月初一）开始，那么问题来了。2月4日16时27分之后到2月10日零点之前出生的婴儿，是属兔（癸卯）还是属龙（甲辰）呢？其实，说属龙还是属兔都对，二者依据不一样。按照国家标准，属兔（在癸卯年）。根据2017年颁布的中华人民共和国国家标准《农历的编算和颁行》（GB/T 33661-2017）规定，"冬至所在的农历月之后的第二个农历月（不计闰月）为农历年的第一个农历月"，农历甲辰年是从2月10日开始的，在此时间之后出生的才属龙。但要是按照民间或民俗的标准，具体地说，按照古代命理学（俗称批生辰八字）立春换年的规则，这段时间出生的应该属龙。

图9-9 北京古观象台地平经纬

农历闰月置闰的规则

农历是阴阳合历，其本质是"调和气朔"，"气"指节气，代表阳历元素，根据回归年确定；"朔"指朔望，代表阴历元素，根据朔望月确定。一个回归年大约包括12个朔望月，一个朔望月的平均长度为29.53日，农历通过设置大月、小月，让每个历月的平均长度近似等于朔望月。农历确定大、小月没有公历那样的固定规则，只能根据天体运动适时调整。举个例子来说，自2025年起连续5年农历腊月都是小月，除夕都不在大年三十而在二十九。

单单设置大小月还不行，因为农历一年12个朔望月与一个回归年差了将近11天，假如不作调整，那么累计下来3年差一个多月，不到20年就会季节颠倒，必须进行调整。怎么调整？办法是设置闰月，通过在某些年份中人为地增加一个月，拉长农历年的周期，尽量接近回归年的周期。

古人对设置闰月的规则经过了不断试错、修正，由粗转精的过程。最早制定的规则是三年一闰，后来改为五年两闰，最晚到春秋时期，确立了比较科学的十九年七闰规则，即在每19个农历年中，有7年定为闰年。为什么这样？简单算一下，一个回归年是365.2422天，19年就是6939.6天，而19年原先共有228个朔望月，加上7个闰月，是235个朔望月，乘以一个朔望月的周期，是6939.7天，与19个回归年误差只有0.1天，已经相当接近了。古代西方人称19年为"默冬周期"，默冬（Meton）为古希腊的天文学家，传说他发现了这个周期。这个周期有意义吗？当然有，这意味着每19年，一个人的公历、农历生日日期与出生的那一天完全重合（不考虑星期几）。

十九年七闰已经相对完善了，但这种固定置闰方法缺乏灵活性，不能完全适应天象变化。西汉时期制定太初历的时候，将置闰原则改为更加科学合理的"无中置闰"，并长期沿用（现行农历的置闰规则"当闰则闰"法，其基础也是基于"无中置闰"法）。什么是"中"？中即"中气"。我们常说的二十四节气其实是中气、节气两类的统称，见下表。

表9-1　二十四节气

节气	立春	惊蛰	清明	立夏	芒种	小暑	立秋	白露	寒露	立冬	大雪	小寒
中气	雨水	春分	谷雨	小满	夏至	大暑	处暑	秋分	霜降	小雪	冬至	大寒

二十四节气反映的是太阳的运行，即四季轮回，不能出现历法中的节气与实际季节颠倒，为此要将节气固定下来，即在每12个农历月中，每月都要有一个中气。具体来说，雨水必须落在农历正月里，春分必须落在农历二月里，以此类推。这样节气与季节的差距不会太大。

既然农历每个月都与一个中气固定，那为何还要设置闰月呢？答案是中气有时候与朔望月对不上。简单计算一下，一个回归年的长度是365.2422日，一年有12个中气，两个中气的间隔是30.4368日，比一个朔望月的周期（29.5306日）要长，也就是说一个月有时候正好两头赶不上中气，上一个中气在农历上个月的月末，下一个中气在农历下个月的月初，单单这个月没有中气。以 2023 年为例，这年闰二月，为什么？这年二月之前的前一个中气春分为农历正月三十（公历 3 月 21 日），没赶上，后一个中气为谷雨，农历三月初一（公历 4 月 20 日），也没赶上，二月当中无中气，只能在二月之后置闰，称为闰二月。"无中置闰"法，在置闰时考虑了二十四节气的阳历时间节点，而且还明确了在闰年里面确立闰月的规则，将阴历的朔望月与阳历的二十四节气完美结合起来，充分体现了传统农历阴阳合历的性质。

实际上，一年中两头都赶不上中气的朔望月不止一个，但历法编排原则是只管第一个，其余的不管，闰月多了也不行。从理论上说，农历月份每个月都有可能是闰月，也就是说从闰正月到闰腊月都有可能出现，但实际情况并不是这样。如果留心关注，会发现闰月中闰四月和闰五月特别多，其他月份相对较少，闰正月和闰腊月的就更少了。

"无中置闰"法的基础有平气法、定气法两种。西汉到清代顺治之前是基于"平气法"。平气法的规则是，每一年太阳在黄道上运行一圈（一个回归年 365.25 天），将这一圈在时间尺度上分成 24 等分，两个节气之间的间隔为 15.219 日。定气法是把黄道从空间尺度上分为 24 等分，太阳每走到一个等分点的时刻，定义为一个节气的时间点。由于黄道呈椭圆形，节气出现的时刻和两个节气之间的间隔就不同了。例如，现在农历编制标准中定义二十四节气中的春分，就是太阳运动到黄道 0 度的时刻，这个时刻不固定，每年都有变化。"定气法"出现得较晚，是清代借鉴西洋历法采用的置闰方式，自顺治二年（1645）颁布的《时宪历》起开始采用。

如果采用平气法，一年之中，中气间隔时间都一样，按照"无中置闰"的原则，每个月都有可能成为闰月。但采用定气法之后，

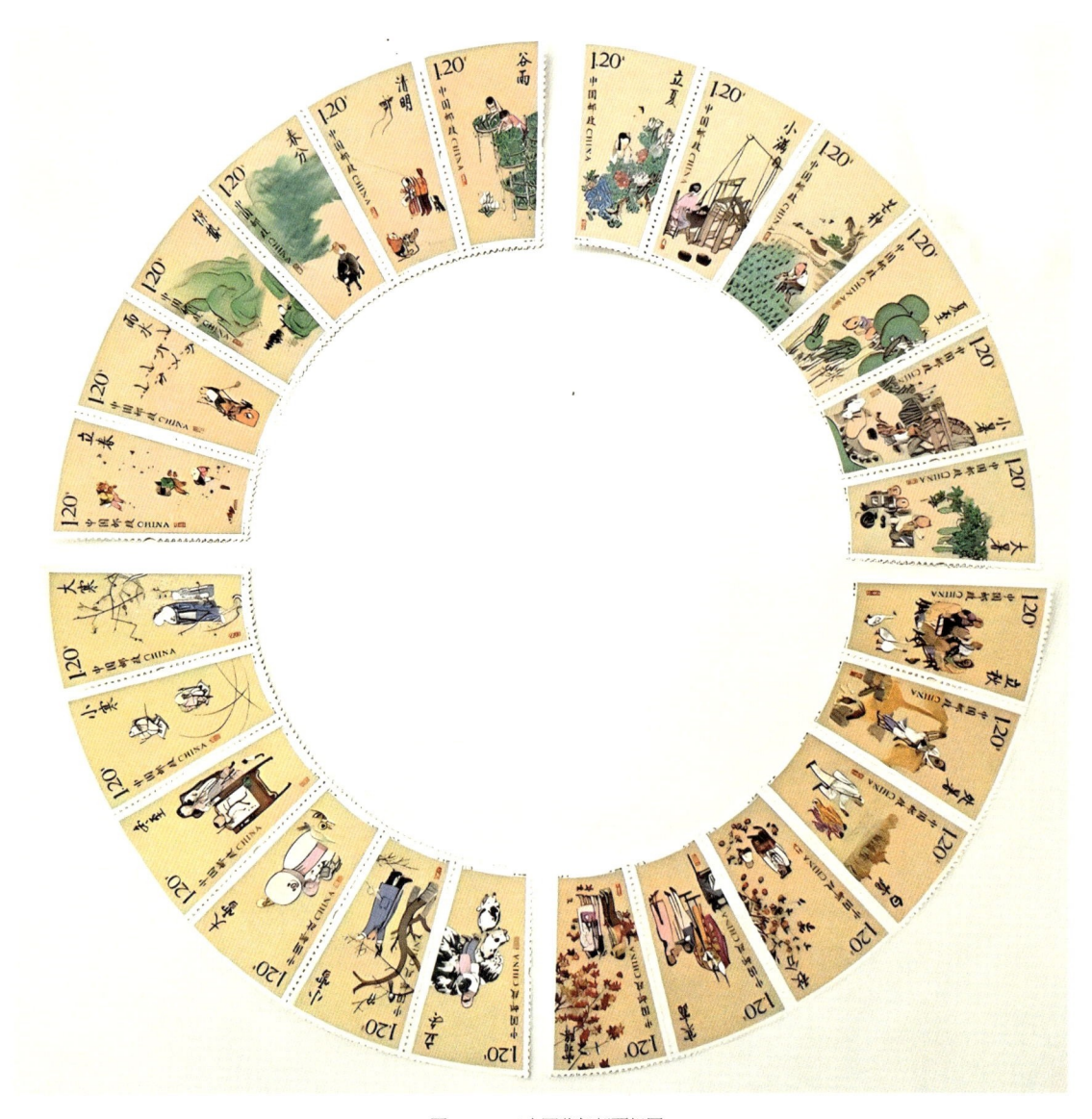

图 9-10　二十四节气邮票组图

就不一样了。从地球视角看，太阳在黄道上运行速度有快有慢，这就造成中气之间时间间隔不均，每年春分到秋分，中气间隔都超过朔望月平均值，特别是在夏至至小暑期间，地球在远日点，运动速度最慢，两个中气之间间隔都超过 31 天，由此造成这期间朔望月不含中气的机会增加，这就是前文说农历闰四、五月特别多的原因。反之，从秋分到春分，地球运动速度快，中气之间的间隔大都比较短，一般都小于一个朔望月，不太容易出现月内没有中气现象，甚至有时一个农历月内有三个节气（例如 1984 年农历十一月有冬至、小寒、大寒），成为闰月的机会就更小了。

从史书记载看，上一次闰正月是在明崇祯十三年（1640），那时设置闰月的方法还是"平气法"，自 1645 年采用定气法至今没有出现过闰正月。不过即使是采用平气法，闰正月的年份也是非常少的，公元元年之后只有 27 年、1048 年、1173 年、1276 年、1640 年 5 次，历史间隔非常长。采用定气法后至今尚未出现过的还有闰十二月（腊月）。在采用平气法时，闰腊月在公元元年之后有十几次，最近一次是 1574 年。

除了闰正月、闰腊月之外，其他农历月份无论采用平气、定气法都有可能出现闰月，但概率不一样，最罕见的是闰十一月、闰十月、闰九月，见下表。

表 9-2　19—22 世纪闰月表

	19 世纪	20 世纪	21 世纪	22 世纪
闰十一月	1813	无	2033	2128
闰十月	1870	1984	无	2166
闰九月	1832	无	2014	2109

闰八月就不是百年一遇了，闰七月到闰二月就很平常了。

由于农历的编算特别是二十四节气及闰月设置是以天文观测为基础，农历一年与公历一年不能完全对应，二者的差距也不固定，这就是说，公历与农历之间没有固定的、可用的转换公式。农历中每年二十四节气的时刻都需要权威机构中国科学院紫金山天文台进行测算、发布。

2016年11月，二十四节气被列入联合国教科文组织人类非物质文化遗产代表作名录。包含二十四节气在内的中国传统农历自汉代定型成熟，2000多年来一直持续使用、生生不息，体现了中国人的聪明才智，是中华民族传统文化的重要组成部分。

历史的核心与边缘

政和通宝(银)　宣和通宝(银)　乾道元宝(金)　绍定万岁
北宋　　　　　北宋　　　　　南宋　　　　　（银质鎏金）南宋

宋代货币

美国加州淘金热相关遗址中的马车

美国科罗拉多州历史悠久的铁路和蒸汽机火车

釜底无薪：北宋钱荒及社会影响

文｜江苏省扬州中学　蒋思敏
　　江苏省教育科学研究院　陈国兵

　　《东京梦华录》里记载着这样一个有趣的现象："都市钱陌。官用七十七。街市通用七十五。鱼肉菜七十二陌。金银七十四。珠珍、雇婢妮、买虫蚁六十八。文字五十六陌。行市各有短长使用。"❶

　　这说的是什么意思呢？在北宋东京城里，与官方结算时，77文钱可以当成100文使用；而在街市上，75文钱可以当成100文使用。此外，鱼肉菜行、金银行、珠宝行等各行业有其自定的铜钱使用规则。为什么会出现这种不足百文钱却可以当成百文来使用的现象呢？这就要说到北宋的钱荒了。

　　所谓钱荒，指的是钱币数量不能满足流通需要。❷ 放置在北宋特殊的历史条件之下，北宋的货币体系是以金属货币为本位的，以铜钱和铁钱为主。相较而言，

❶ 孟元老撰，邓之诚注：《东京梦华录注》卷三《都市钱陌》，中华书局1982年版，第115页。

❷ 陈绍闻：《经济大辞典》，上海辞书出版社1993年版，第255页。

就流通数量和范围来说，铜钱略胜一筹。但是市面上流通的铜钱数量有限，铜钱不能满足国家和人民的使用需求，也就出现了钱荒这一现象。

图 10-1　北宋第一种钱币——宋太祖时期的宋元通宝

图 10-2　北宋第一种年号钱——宋太宗时期的太平通宝

国家与民间：时局之困

其实钱荒这一现象并不是从北宋才产生的。诸多学者认为，唐中期两税法的实施导致了税收货币化，这也造成了钱荒。那北宋的钱荒起源于何时？又"荒"到了什么程度呢？我们结合《宋史》❶的相关内容，可以窥知一二：

❶（元）脱脱等撰：《宋史》卷180《食货下二·钱币》，中华书局1977年版，第4376、4377、4383、4384、4385、4386页。

表 10-1　北宋钱荒情况

时间	情况
太平兴国四年（979）	太平兴国四年，始开其禁，而铁钱不出境，令民输租及榷利，铁钱十纳铜钱一。时铜钱已竭，民甚苦之。商贾争以铜钱入川界与民互市，铜钱一得铁钱十四
太平兴国五年（980）	自平蜀，沈伦等悉取铜钱上供，及增铸铁钱易民铜钱……民租当输钱者，许且输银绢，候铜钱多，即渐令输之
太平兴国七年（982）	遂令川峡输租榷利勿复征铜钱
太平兴国八年（983）	八年，诏增市铜、锡、炭价，于是得铜八十一万斤、铅三十六万斤，锡十六万斤，岁铸钱三十万贯。补钉殿前承旨，领三州铜山。然民间犹杂用旧大小钱。是时，以福建铜钱数少，令建州铸大铁钱并行
熙宁八年（1075）	诏河东铸钱七十万缗外，增铸小钱三十万缗。于是知太原韩绛请仿陕西令本重模精，以息私铸之弊
	比年公私上下并苦乏钱，百货不通，人情窘迫，谓之钱荒。不知岁所铸钱，今将安在
绍圣初年（约1094）	绍圣初，铜钱千遂易铁钱二千五百
元符二年（1099）	当公私匮乏之时，诸路州县官私铜钱积贮万数，反无所用

由上述史料可知，自北宋初年，钱荒现象便初见端倪，且愈演愈烈。这主要体现在四个方面：

第一，从铜钱和铁钱的兑换比例来看：宋太宗太平兴国四年（979），铜钱与铁钱的兑换比例为1：10。而到了宋哲宗绍圣初年，铜钱与铁钱的兑换比例升至1：25。这反映了社会上铜钱数量的减少。

第二，从缴纳赋税的形式来看：宋延续前朝两税之法，力主实行税收货币化。但货币的数量毕竟有限，在这样的情形下，政府允许钱货并纳。如在宋太宗太平兴国五年（980），官府允许用绢来代替货币缴纳赋税。而到了太平兴国七年（982），这样的状况并未得到改善，政府下令川陕地区不再征纳铜钱。这反映了社会上对铜钱的需求量进一步增大。

第三，从铜钱稀缺的范围来看：从宋太宗太平兴国四年（979），四川地区的铜币稀缺，到宋神宗熙宁八年（1075）时，国家上下连年都缺铜钱。这反映了近百年间，铜钱稀缺的范围已从地方扩大到全国。

第四，从政府和百姓的行为来看：因为铜钱的紧缺，民间使用私铸的大小钱。即使朝廷增加铸钱三十万贯，也无济于事。甚至到了宋哲宗元符二年（1099），因为铜钱的稀缺，连各路官府都开始贮藏铜钱。

但北宋钱荒有其特异之处。我们以赋税征收为例来分析这个问题。从空间上来看，北宋政府每年需要在富庶丰饶的东南之地采买，用于西北地区的军需补充。照理说，大量的货币投放东南，东南地方应该不会出现钱荒的现象，但是事实恰恰相反，因为政府用赋税征收的方式，东南地区的财赋迅速回流，造成了东南地区的钱荒。如司马光所言："臣闻江淮之南，民间乏钱，谓之钱荒。"❶ 也就是说，放眼全国，东南地区的钱荒最为严重。从时间上来看，军费、官员俸禄及其他一些收支在各时段内是相对均衡的。但是获取赋税收入主要是在征收两税的夏秋两季。所以相较而言：钱荒主要集中于夏秋时节。

　　这里特别要说到王安石变法对钱荒的影响。当时，社会上大量铜钱主要集中于政府和地主富商手中，尤其是北宋政府还存在着内库贮铜，以及地主富商私藏铸铜的情况。而下层百姓所拥有的铜钱则较少。如司马光进言："至于钱者，县官之所铸，民不得私为也。自未行新法之时，民间之钱固已少矣。富商大贾藏镪者或有之，彼农民之富者不过占田稍广，积谷稍多，室屋修完，耕牛不假而已，未尝有积钱巨万于家者也。其贫者……亦有未尝识钱者矣。"❷ 按照惯例，百姓需要将农产品卖出，获得货币，用于缴纳赋税。但在青苗法和免役法实施以后，百姓需要更多的货币来偿还国家贷款和免役钱。遇到旱灾，为偿还青苗钱，民间甚至出现了"伐桑为薪以易钱"❸ 的现象。这让下层百姓的处境雪上加霜。"又缘青苗、助役之法，农民皆变转谷帛，输纳见钱，钱既难得，谷帛益贱，人情窘迫，谓之钱荒。"❹ 宋太宗初年，国家的财政收入为 1600 余万缗，而王安石变法时期，增长至 6000 余万缗。因此，谷贱伤农之下，百姓只能选择制造"恶钱"。所以说，下层社会的钱荒比上层社会更为严重。

❶（元）脱脱等撰：《宋史》卷175《食货上三·和籴》，中华书局1977年版，第4244页。

❷（宋）司马光：《应诏言朝政阙失事》，见《中国古代经济文选》第2分册，上海人民出版社1981年版，第275页。

❸（元）脱脱等撰：《宋史》卷176《食货上四·常平》，中华书局1977年版，第4286页。

❹ 曾枣庄、刘琳主编：《全宋文》卷795《论钱禁铜法事奏》，上海辞书出版社2006年版，第196页。

由此可见，北宋的钱荒，延续前朝，始于宋初，贯彻于政权始终，形成严重的统治危机。"千百年未尝有轻重之患"❶。相较而言，钱荒这一现象，下层社会比上层社会严重；使用铜钱的东南地区，比其他地区严重；征收两税的夏秋季比春冬季严重。

供需与价值：发生之因

那北宋的铜钱都去哪里了呢？为什么不能满足流通的需要呢？关于这个问题，学术界众说纷纭。笔者采众家所长，认为主要是供需矛盾与价值矛盾两大方面的原因。

供需矛盾

众所周知，北宋年间，商品经济繁荣，铜钱需求量剧增。当国家铜钱的供应量不能满足需求时，就会爆发钱荒。特别要说明的是，北宋商品经济的繁荣不仅体现在国内贸易上，也体现在陆上与周边各政权、海上与海外诸国的对外贸易上。我们以宋辽贸易为例进行说明。"臣等窃见北界别无钱币，公私交易，并使本朝铜钱。沿边禁钱条法虽极深重，而利之所在，势无由止。本朝每岁铸钱以百万计，而所在常患钱少，盖散入四夷，势当尔也。"❷根据苏辙的札子，虽然北宋政府历行钱禁之法，禁止铜钱外流，但是在对辽贸易中仍然大量使用铜钱，并且难以遏止，大量铜钱向辽国流去。由此可以推知，在对西夏等国的各类贸易中

❶（元）脱脱等撰：《宋史》卷180《食货下二·钱币》，中华书局1977年版，第4386页。

❷（宋）苏辙：《北使还论北边事札子五道》，见《唐宋八大家散文总集》卷10，河北人民出版社2013年版，第7188页。

亦是如此，尤其是当时兴盛的榷场贸易。我们再来看看海上贸易的情况。"而自熙宁七年颁行新敕，删去旧条，削除钱禁，以此边关重车而出，海舶饱载而回……钱本中国宝货，今乃与四夷共享。"❶ 根据张方平的上书，在王安石变法废除钱禁之后，铜钱大量流向海外诸国。

其实，除了正常贸易，"三冗两积"造成的巨大花销，这些都是需要铜钱去支付的。为加强中央集权，北宋政府建立了庞大的官僚体系，实行官职差遣制度，逐渐形成"冗官"的局面，造成了巨大的官吏开支。仅仅是以宋神宗时期新增加的官吏俸禄来说，"京师岁增四十一万三千四百余缗，监司、诸州六十八万九千八百余缗"❷。此外，北宋政府还有养兵的巨大花销。根据陈襄上奏宋神宗的札子，军费约占财政收入的六分之五。"臣观治平二年天下所入财用大数，都约缗钱六千余万。养兵之费约五千万，乃是六分之财，兵占其五……惟余一千万以备国家百用之费。"❸ 另外，王安石变法时期，大量的铜钱被储藏。如苏轼所言："免役之害，掊敛民财，十室九空，钱聚于上而下有钱荒之患。"❹

价值矛盾

聊到此处，读者可能会有这样的疑问：既然铜钱的需求量激增，为什么还要贮藏铜钱，而不是拿出来使用呢？因为在宋代，制造铜钱的成本比较高，因此铜钱自身的价值要高于其代表的币值。但是当贮藏的

❶（元）脱脱等撰：《宋史》卷180《食货下二·钱币》，中华书局1977年版，第4384页。

❷ 王雷鸣编注：《历代食货志注释》第2册，农业出版社1985年版，第260页。

❸ 福建省纪念陈襄暨陈氏首届源流研讨会筹委会：《陈襄文化文集》，福建省纪念陈襄暨陈氏首届源流研讨会筹委会2000年刊行，第53页。

❹（宋）苏轼原撰，（明）王如锡编：《东坡养生集》，福建科学技术出版社2013年版，第266页。

❶（元）脱脱等 撰：《宋史》卷180《食货下二·钱币》，中华书局1977年版，第4384页。

❷（元）脱脱等 撰：《宋史》卷180《食货下二·钱币》，中华书局1977年版，第4378页。

铜钱被销毁，继而被铸造成铜器时，获利倍增。"销熔十钱得精铜一两，造作器物，获利五倍。"❶这进一步加剧了钱荒。在此基础上，百姓为了获得更多的铜钱，私自销毁国家发行的足额铜钱，铸造质料低劣的"恶钱"来满足日常的使用。"雍熙初，令江南诸州官库所贮杂钱，每贯及四斤半者送阙下，不及者销毁。民间恶钱尚多，复申乾德之禁，销峻其法。京城居民蓄铜器者，限两月悉送官。"❷面对这种现象，国家屡禁不止。到了后来，甚至政府也开始铸造"恶钱"，造成国家的货币体系紊乱。因此，贮藏铜钱的现象一发不可收拾，钱荒越发严重。

综上所述，北宋的钱荒与铜钱的供需矛盾及价值矛盾密切相关。由于北宋经济发达，国内外交易所需要的货币量激增，铜钱作为贱金属货币，它的支付能力不足以承载国内外经济的发展。此外，军费、赔款等各类支出更让钱荒现象雪上加霜。在这样的情况下，铜钱自身的价值要远远高于其代表的币值，导致了从民间到政府都形成贮藏铜钱的现象。无论是私销铜钱铸器还是铸造恶钱，都进一步加剧了钱荒的现象。

增铸与替代：解决之道

面对日益严重的钱荒问题，北宋政府焦头烂额，司马光、张方平、苏轼、苏辙等大臣纷纷上书言事，寻解决之道。笔者认为，北宋政府主要是从增铸货币与替代流通两大方面，做出了一系列的尝试。

增铸货币

钱荒最大的问题是铜钱数量不足，所以北宋政府想到的最直接的解决方法就是增铸铜钱。

表 10-2　北宋增铸铜钱情况

年份	每年铸额(万贯)	每人所占额(文)
太平兴国六年(981)	50	—
至道中(996)	80	40
咸平三年(1000)	125	—
景德中(1006)	183	90
大中祥符九年(1016)	125	58
天禧末(1021)	105	53
天圣年间(1030)	100	—
庆历年间(1045)	300	131
皇祐年间(1050)	146	—
治平年间(1066)	170	58
熙宁末年(1077)	373	121
元丰三年(1080)	506	203
崇宁五年(1106)	289.4	—
大观前后(1107—1111)	290	66
宣和二年(1120)	约 300	—

根据彭信威先生在《中国货币史》[1]中的研究，从北宋初年开始，政府就不断地在增加铸币。尤其是王安石变法时期［熙宁二年（1069）至元丰八年

[1] 彭信威：《中国货币史》，东方出版社2020年版，第446—447页。

(1085)〕，政府为应对危机，更加大规模地开采铜山、铸造铜钱。加之有技术革命，如胆水炼铜法的应用；燃料革命，如煤炭的使用，更加助力了铸币技术和铸币数量的增长。遗憾的是，高铸币之下的北宋，钱荒依然愈演愈烈。

除了铸造质量足额的铜钱以外，政府也默认铸造和杂用质料低劣的大小钱。夹锡钱的出现就是一个典型的例子。宋徽宗时期，为防止钱币外流、增加财政收入，蔡襄建议在铜钱（一说铁钱）中加入锡而铸造成一种合金货币。"每缗用铜八斤，黑锡半之，白锡又半之。"❶ 不久，夹锡钱也出现了成色不足的问题，民间出现了"擦药如铜"的现象。"夹锡行，小民往往以药点染，与铜钱相乱……" ❷ 与铜钱相似的情况是，夹锡钱私铸成风，"恶钱"泛滥，货币贬值，物价上涨。

❶（元）脱脱等撰:《宋史》卷180《食货下二·钱币》，中华书局1977年版，第4392页。

❷（元）脱脱等撰:《宋史》卷180《食货下二·钱币》，中华书局1977年版，第4394页。

图10-3 胆水炼铜法

"以其无铜铸,故夹锡之为贵。今一切改铸,则其非铜钱犹日前之铁钱也。今召私铸于东南矣,又将召私铸于西北,是教民犯法,非朝廷之利也。"❶朝廷本想以此增加财政收入,但结果事与愿违。随着蔡襄去职和民间拒用,夹锡钱逐渐退出历史舞台。

替代流通

在当时的生产条件和技术水平下,开采和冶炼铜的数量毕竟有限。为解决铜钱数量的不足,北宋政府使用各种方法来替代足额的铜钱流通。

如政府规定了在不同区域使用不同质料的货币。大抵开封府、京东路、京西路、江北路、淮南路、两浙路、福建路、江南东西两路、荆湖南路、广南东西两路、荆西北路等十三路专用铜钱;成都府路、梓州路、利州路、夔州路等四路专用铁钱;陕府西路和河东路则铜铁钱兼用。❷在当时,一枚铜钱可兑换十多枚甚至二十多枚铁钱,因此使用铁钱更为不便。在这样的背景下,纸币应运而生。

此外,政府也积极推动白银的货币化。这主要体现在赋税征收的白银化和实物化上。在宋初,政府即规定:"令诸州受租籍不得称分、毫、合、龠、铢、厘、丝、忽,钱必成文,绢帛成尺,粟成升,丝绵成两,薪蒿成束,金银成钱。"❸当然,与唐朝相比,宋代的货币经济相当发达。实物经济只是少数情况,主要流通在政府与商人之间。

另外,还有在文章开头所说的77文可以当成100

❶ 曾枣庄、刘琳主编:《全宋文》卷2920《论当十夹锡钱之害奏》,上海辞书出版社2006年版,第265—266页。

❷ 彭信威:《中国货币史》,东方出版社2020年版,第446—447页。

❸ (元)脱脱等撰:《宋史》卷174《食货上二·赋税》,中华书局1977年版,第4203页。

文来使用的短陌制度。短陌制度起初只是民间习惯，后逐渐被政府固定，成为一种制度。"宋初，凡输官者亦用八十或八十五为百，然诸州私用则各随其俗……至是，诏所在用七十七为百。"❶

钱荒是商品经济发展超越了北宋政府统治能力的结果，所以这些措施都治标不治本。

结语

我们能看到，北宋钱荒问题最直接的影响就是市面上铜钱的需求量剧增，社会上贮钱之风盛行。尤其是居于上层社会的地主阶级，他们将万贯家财投入农业和手工业生产，促进大地主土地所有制发展，但这不利于资本的转化，阻碍了扩大再生产。另一方面，他们将财政负担通过赋税等方式转嫁给百姓，造成农产品价格下跌："臣闻江淮之南，民间乏钱，谓之钱荒。而土宜粳稻，彼人食之不尽。若官不籴取以供京师，则无所发泄，必甚贱伤农矣。且民有米而官不用米，民无钱而官必使之出钱，岂通财利民之道乎？"❷谷贱伤农之下，百姓的生活更加困苦，社会矛盾更为尖锐，统治危机日益严重。为了应对危机，北宋政府采取了一系列措施，奈何以行政手段解决经济问题可谓治标不治本。

当然，我们也要一分为二地看问题。钱荒的出现，从一个侧面说明了社会物质财富的增加与生产力的发

❶（元）脱脱等撰:《宋史》卷180《食货下二·钱币》，中华书局1977年版，第4377页。

❷（元）脱脱等撰:《宋史》卷175《食货上三·和籴》，中华书局1977年版，第4244页。

展，增铸货币的需求也推动了采矿、冶炼技术的进步；另一方面，部分贫穷的农民离开土地，加入城市手工业和商业发展的行列。铜钱的缺失也推动了纸币和白银的货币化。这些现象都刺激了商品经济和生产力的继续发展。

沉默的钢钉：建设美国中央太平洋铁路的华工

文 | 江苏省泗洪中学　刘敏
　　 江苏省宿迁市中小学教学研究室　陈虹

近代持续数百年的全球性人口流动中不乏中国人的身影，从明清时期的下南洋，到近代的赴美洲、赴大洋洲甚至赴非洲，素有出洋传统的沿海居民为了讨生活，付出了沉重代价。可以说，一部华人海外迁移史就是一部中国人的心酸与血泪史。远赴重洋的铁路华工，其艰辛更是千千万万海外华人命运的缩影。铁路华工对美国铁路修建做出了重要贡献，而美国在工业革命时代的崛起又与铁路息息相关。本文意图通过中央太平洋铁路华工之命运，以小见大，使读者从中感悟近代国力衰微之背景下，中华民族生存之艰辛及西方资本主义发展之残酷。

"金山梦"

明清以来中国面临日益增长的人口压力，人地矛盾日益突出，广东也不例外。两次鸦片战争直接祸及广东，使得当地社会矛盾激化。1854年，珠三角地区爆发了10万农民响应太平天国运动的红兵起义，历时几年后被清政府镇压。1855年，广东土著和客家人为争夺土地又发生了大规模的械斗。这场长达12年的内斗，波及了六七个县的数千村庄，导致成千上万人的死亡，大量的青壮年逃离故土，无数家庭家破人亡。

连绵不绝的自然灾害让广东人民的生活雪上加霜。以台山为例，这里是美国华人的主要侨乡之一，"从咸丰元年（1851）到光绪三十四年（1908），57年内台山县发生大水灾10次、大台风7次、地震5次、旱灾4次、瘟疫4次和饥荒5次，共35次"[1]。家乡既无活路，外出谋生就成了唯一的生活希望。天灾人祸的多重因素将广东人推上了海外求生之路。

1848年，加利福尼亚发现了黄金。几乎一夜之间，这里成为人们心目中的"金山"。小小的旧金山渔港在短短3个月内由300多人暴增至2万多人。其中有不少来自广东的"金山客"。家乡生存艰辛，淘金之诱惑，吸引着大批广东人冒着生命危险远赴美洲，追逐"金山梦"。

在独立之后不到200年的时间里，美国通过购买、战争等各种手段，将其疆域从约90万平方千米一路向西扩张至900多万平方千米。在西进过程中，土著印第安人遭到残酷屠杀，人口大量减少，加之1861—1865年的南北战争，大量青壮年入伍，西部劳力缺乏。

[1] 生键红：《美国中央太平洋铁路建设中的华工》，中西书局2010年版，第29页。

图 11-1 华工在淘金现场

[1] 梁启超：《新大陆游记》，转引自陈翰笙主编：《华工出国史料汇编》（第七辑），中华书局1984年版，第27页。

梁启超曾在其游记中写道："华工之往美，实由美人招之使来也。当加罅宽尼省初合并美国之时，急于拓殖，而欧洲及本国东部之移民，惮其辽远，来者不多，资本家苦之。及觅得金矿，盛开铁路，而劳佣之缺乏更甚，是以渡海而求之于中国。"[1] 无论是美国东部的劳动力还是欧洲的劳动力，大多不愿到西部去。之所以出现这种现象，是因为当时巴拿马运河尚未开通，从美国东部到西部去，如果取道海路从大西洋绕行南美的最南端，需花费约半年时间；如果缩短路程，穿过中美地峡，则旅程艰难，风险很高；如果直接穿行北美大陆，则要克服沿途高山、沙漠、荒原等地恶劣的气候、复杂的地理条件，还要防止土著居民的袭扰，这些都意味着高昂的劳动力成本。但从中国到美国西海岸仅需两三个月的时间,并且第二次鸦片战争后华工出国合法化了。对资本家而言,从中国寻求廉价劳动力显然更有利可图。

　　淘金热的吸引,美国西部对劳动力的呼唤,成为引发华工赴美的重要因素。然而,这段通往"金山"的航程却昂贵而危险,流动的船只简直是"浮动的海上地狱",船上的人可谓九死一生。去往美国的华工固然有自由前往的,但更多的是赊单制华工。从香港启航到旧金山的船票大约是 50 美元,对于很多家庭而言,这是一笔足以让其倾家荡产的开销。为此他们不得不靠透支自己未来数年的收入来获取一张去往北美的船票和其他必需费用,才得以登上承载他们"金山梦"的船只。还有华工甚至是被诱骗、绑架到北美的,俗称"卖猪仔"。在美国人眼中这些华工并无不同之处,都是中国苦力（Chinese Coolie）。

图 11-2　19 世纪中叶,中国苦力乘帆船越过太平洋寻找"金山梦"

[1] 沈卫红:《金钉——寻找中国人的美国记忆》,广东人民出版社2017年版,第23页。

在漫长的航程中,华工们拥挤在黑暗、潮湿的底舱里,他们的饮食和居住条件极其恶劣。"听老华侨说,那时是乘坐桅船,航程从三四个月至半年没有一定,快慢要看天气。在船上,华侨自携咸虾酱佐餐,日久都生了虫。抵岸时胡子几寸长,眼深面黑。海洋上浪大如山,许多人熬不过风浪,抱着桅杆从香港一直哭到旧金山,等到平安上岸,恍如隔世了。"[1] 恶劣的环境使得船上的死亡率极高,死亡的华工直接被抛尸大海。最坏的情况则是整艘船的沉没。与葬身在太平洋中的人相比,能活着抵达彼岸的人已是幸运者。

历经千辛万苦到达北美的很多华人,其"金山梦"由于金矿的枯竭,再加上白人的排挤、打压而破灭,他们最终走向铁路,成为建设铁路的"广州军团"。

[2] 黄安年:《道钉,不再沉默》,白山出版社2010年版,第9页。

19世纪是铁路建设飞速发展的时代,特别是第一条横贯北美大陆的铁路建设,对美国的崛起具有重要意义。联合太平洋铁路公司和中央太平洋铁路公司分别承建了东线和西线。东线所经多为平原地带,且有河流运输,进展顺利,爱尔兰工人通过大西洋沿岸的港口不断涌入,为东线提供了充足的劳动力。西线则不同,"它所经过的加利福尼亚州塞拉岭和内华达州一带,高山峻岭绵亘,地形复杂,气候恶劣,塞拉山区冬季常有暴风雪,沙漠地带夏季干燥炎热,施工条件异常艰险,不少白人工人应聘后不久经受不了恶劣的条件而纷纷离去"[2]。开工快两年了,西线工程仅仅推进了不到50英里(约80千米),铁路公司陷入绝境。

起初华工并不在铁路公司的考虑范围内。铁路公司认为华工瘦弱矮小,不可能胜任艰苦的修路工作。但是资金和劳动力的双重缺乏使得公司高层心急如焚。此时公司的大股东克罗克力排众议,招聘华工。第一批华工是在美国人质疑的眼光中走向铁路的。事实证明,华工们干得比白人劳工还出色。公司马上决定招聘更多的华工,越来越多的华工加入铁路建设的大军。

美国太平洋铁路委员会总监工斯特罗布里奇在国会的证词显示,到1867年,中央太平洋铁路雇用的华工数已达到11000多人,而白人劳工的数量为2500—3000人。华工成为中央太平洋铁路建设的主力。

表11-1　美国太平洋铁路委员会总监工斯特罗布里奇在国会的证词

年份	华工	工酬	白人劳工	工酬
1864	很少	—	1200	每月30美元
1865	7000	每月30美元	2500	每月35美元
1866	11000	每月35美元	2500	每月35美元
1867	11000	每月35美元	2500—3000	—
1868	5000—6000	—	2500—3000	—
1869	5000	—	1500—1600	—

铁路魂

加入中央太平洋铁路后,华工们"在崇山峻岭和绝壁深谷中逢山开路、遇水搭桥"[1],用他们的勤劳、智慧与勇敢创造了一个又一个奇迹,成为北美跨州铁路的"开路先锋"。

华工们打的第一场硬仗便是布鲁默深槽的开凿。他们要征服的天险是巨大而坚硬的花岗岩石,在当时的条件下无法使用先进的机械设备,只能靠简单的工具来完成。由于地势险峻,工程艰苦,白人劳工不堪重负,大量离开。铁路公司在无计可施之下,统一招募华工。华工们用凿子、铁锹和炸药,一寸寸地在花岗岩里掘进,硬是在坚硬的岩石里凭人力劈出了一个长300多米,宽约4米,最高处垂直深度达19米的深槽。1865年春天工程完成,从此这里天堑变通途。今天深槽附近的纪念标牌上称这一工程为"世界第八大奇迹"。[2] 南美南端的合恩角因海况恶劣,历史上500多艘船只沉没于此,素有"海上坟场"之称。而在中央太平洋铁路所要经过的群山里也有一个地形险恶的陆上"合恩角"。这个绵延数千米的U形断崖由坚硬的花岗岩构成,高于河面三四百米,与咆哮的河流近乎垂直。断崖两侧根本无立足之地,这意味着重型机械无法使用,只能依靠人力使用简单的工具展开施工。一些历史学家认为,华工是运用传自祖先的古老智慧,身在绳索吊着的篮子里,从山顶降到悬崖附近工作。

[1] 习近平:《在西雅图出席侨界举行的欢迎招待会时的讲话》,见《习近平在对美国进行国事访问时的讲话》,人民出版社2015年版,第25页。

[2] 黄安年编著:《沉默的道钉——建设北美铁路的华工》,五洲传播出版社2017年版,第73页。

1998年立于合恩角的华工纪念铜牌则说明，华工是坐着单人舢板下到悬崖工作的。无论哪种方式，危险系数都极高。每天华工都要在悬崖峭壁上先用原始的工具凿出炮眼，塞满火药，在火药点燃的瞬间要及时将人拉上来，若是时间把握不好，便会粉身碎骨，很多人因此葬身于悬崖下的河谷。开山之后，华工们再运用简易工具像雕刻工艺品一样，一点一点地在峭壁上凿出了一条长达5千米的狭窄通道，将"疯狂的设想"变成了脚下的现实。

图 11-3　150多年前的布鲁默深槽

图11-4　火车经过"合恩角"

太平洋铁路的难度和长度没有先例。它所穿越的崇山峻岭需要开凿19条隧道，中央太平洋铁路公司承建了其中的15条。工程主要位于内华达山脉，这里常年积雪，风暴和雪崩频繁。隧道施工通常要在1500米以上的区域进行，且大部分的隧道是弯曲的，这就更增加了工程的难度。

唐纳峰隧道是其中最长，也是工程难度最大的一条，这条长约506米的隧道东西两端落差达9米之多。为加快速度，工程施工先是用炸药炸开坚硬的花岗岩石，凿出一个通风井，然后四个工作面同时施工。今天在唐纳峰隧道通风井的纪念碑上记载了华人的这一壮举："中国人用了15个月，用体力和汗水打通了1659英尺（506米）长的唐纳峰隧道。勤劳的中国人先用双手钻眼，接着用黑炸药和新发明的硝化甘油炸开坚硬的花岗石。从唐纳峰垂直往下打的通风井足足用了85天才完成，这就使得隧道建设工程可以从中间和

入口共四个方向同时推进。"❶

但工程实在是太艰巨了，起初工人们不间歇地作业，一天最快也只能推进约 70 厘米。冰冷而阴暗的隧道里充斥着肮脏的粉尘和岩石碎片，工人们一不留神就会受伤。隧道开凿夜以继日，似乎永不停歇。厚厚的积雪覆盖了铁轨和路基，使得工程难度急剧增加。为了继续作业，这些生活在湿热的南方，几乎从未见过雪的人们现在却不得不在雪堆下挖掘洞穴，连接生活区、不同的隧道入口和工作区。

❶ 沈卫红：《金钉——寻找中国人的美国记忆》，广东人民出版社 2017 年版，第 195 页。

图 11-5　唐纳峰隧道

华工们夜以继日地拼搏了1年多，终于打通了这条位于海拔2100多米、长506米的绝顶隧道，用他们的双手创造了新的奇迹。

越过内华达山脉的华工摆脱了高山严寒，却又陷入了沙漠酷暑。困难接踵而来，但筑路工作从未停止。在工人们的日夜拼搏中，施工进度加快了，铁路不断向前延伸。当时的美国国会法案规定，按铺设铁路的里程计算两家公司的土地补偿和债券发行量，但未规定两条铁路的合拢地点。这就意味着铁路每多1英里（1.6千米），铁路公司就有更多的土地与资金补助。为获取更多的利益，两家铁路公司上演了铁路修筑史上的奇观：双方都拼命地向前修筑铁路，即使相遇也不合拢，以至于出现了一段重复平行甚至交错的路轨。由于联合太平洋铁路公司以爱尔兰工人为主，中央太平洋铁路公司则以华工为主，两家公司有意挑起工人之间的竞争，致使铺路竞争成为一场事关民族荣誉的竞赛。竞赛里程从每日铺设6英里（9.7千米）逐渐加码，于1869年达到高潮。

❶［美］张少书：《沉默的钢钉》，周旭译，文化发展出版社2021年版，第226页。

"1868年8月，铁路华工在一天内铺设了6英里（9.7千米）800英尺（244米）铁轨，随后，联合太平洋铁路公司的工人也在一天内修筑了6英里铁轨。克罗克宣称他的团队一天内可以修筑10英里（16千米），联合太平洋铁路公司的副总裁托马斯·C.杜兰特打赌说他们绝对做不到。"❶双方为此还以10000美元作赌注。1869年4月28日，在一大批铁路员工和媒体记者的见证下,铁路华工巧妙配合,全力冲刺,一天铺设铁轨 10 英里(16 千米),打破了爱尔兰工人的日铺轨纪录,成为铁路建设史上的又一奇迹。

当初中央太平洋铁路公司计划用至少 14 年时间来完成第一条跨州铁路的建设,而华工的参与将这一时间缩短至 7 年。原来长达 3 到 6 个月的旅程,现在仅需 1 周。这条贯通东西的铁路大动脉沟通了美国东西,促进西部的快速发展,巩固了统一,增强了美国人的自信,助力了美国的崛起,使得美国真正成为面向两个大洋的世界大国。

在长达 6 年的筑路过程中,华工们由对铁路一无所知到成为熟练技工,以后他们中的很多人又陆续参加了北美大陆其他的铁路工程建设。在几十年间共有约 10 万名华工参加了美国铁路的修筑,为美国的发展做出了巨大贡献。华工们也回馈家乡,参与了家乡的公路和铁路事业、文化教育事业等,为家乡的社会转型贡献了自己的重要力量。

其中特别值得一提的是曾被孙中山赞誉为"中国伟大华侨"的陈宜禧。陈宜禧 1865 年参与修筑中央太平洋铁路,在 1904 年以 60 岁高龄返回家乡,倡议并修筑了 138.1 千米长的新宁铁路。铁路的设计、筹备、修建和经营均由中国人独立完成,其中大部分的筹集资金来自在美华人。从 1906 年开工,到 1920 年全线通车,铁路建设历时 14 年。1984 年,台山市政府为陈宜禧重立铜像,以纪念其对家乡铁路建设之功绩。

图 11-6 陈宜禧

沉默的钢钉

华工工作的艰苦环境挑战了人类极限。他们长期生活在荒山野岭，风餐露宿，经历着严寒、酷暑、雪崩、疾病的考验，无处不在的风险使得华工们付出了高昂的代价。

美国学者张少书在其著作中曾引用1870年6月《萨克拉门托通讯报》中一篇文章《尸骨运送》的内容，文中说道，"东线列车载着大约1200名华人的遗骨沿着中央太平洋铁路驶来，这些尸骨大约重20000磅（9072千克）"。"几乎所有死者都是为中央太平洋铁路公司筑路的工人"，正准备运送回国下葬。❶ 死亡人数如此之多，以至于有"每一千米的路轨下埋葬着一个华工"的说法。

1865年到1866年的冬天异常寒冷，暴风雪席卷了内华达山脉。"气温达到历史最低点。早在10月就下起鹅毛大雪，接着的5个月，暴风雪几乎连续不断。地面冰冻如石，路轨和建设铁路全被埋没，上面覆盖冰雪深达15英尺（4.5米）。"❷ 厚厚的积雪压坏了已经铺好的路轨，而仅仅铲去积雪就要花费好几个星期。积雪还时常堵住隧道入口，掩埋生活区。华工被迫在厚厚的雪堆中挖开一条"隧道"往来于工地和营区。每天他们都艰难地在两地之间来回移动，忍受着漫长的黑暗、严寒、雪崩、爆炸、事故、疾病等危险，与世隔绝长达数月。

❶ [美]张少书：《沉默的钢钉》，周旭译，文化发展出版社2021年版，第263页。

❷ 黄安年：《道钉，不再沉默》，白山出版社2010年版，第12页。

时发的雪崩"除了短暂的雷鸣般的隆隆声，没有任何征兆。霎时间，整群工人、整个营房，有时甚至是整个营地呼地一下全被卷走，摔入几英里外的冰雪峡谷"[1]。等到来年冰雪融化的时候，尸体才被发现，而他们的双手仍紧握着作业工具。诸如此类的事故在工地上时有发生，然而公司高层为了利益，仍然冷酷地迫使工人在严酷的气候下持续施工。

[1] 黄安年：《道钉，不再沉默》，白山出版社2010版，第12页。

图11-7 巨型铲雪车在铲雪

[1] 黄安年编著：《沉默的道钉——建设北美铁路的华工》，五洲传播出版社2017年版，第100页。

华工们从事着最危险的工作，却拿着低于白人的工资。关于二者之间工资的差异，不同资料表述不同。例如美国前驻华公使、加利福尼亚州前州长弗雷德里克·H.娄在国会的证词中明确说："中国人每人每月工资31美元，食宿自理。而雇用白种工人每人每月要45美元，另供食宿。算起来，用一个白种工人每天要用2美元，而使用一个中国工人只需要这个数目的一半。"[1] 美国太平洋铁路委员会总监工斯特罗布里奇在国会的证词则认为，华工每月工资为30—35美元。二人给出的数据并不完全相同，但都表明华工的待遇比白人低。

综合多种历史资料可以确定，华工的工资远低于白人劳工的工资，而且华工的食宿费自理，白人劳工不用承担食宿费用。另外，华工的工作时间也远超白人，他们一天工作12小时，而白人每日工作8小时。

不平等的待遇，最终引发了1867年华工的罢工。上工时间到了，但华工们都待在营地，他们委派人员向公司提出了增加工资、缩短工作时间等要求。铁路公司的回应是停止华工的工资和食物供应，甚至一度试图招募刚解放的黑奴来代替华工。这场非暴力的罢工持续了一周后宣告失败，然而罢工还是让管理层大为震惊。罢工后的几个月里，公司小小地调整了华工工资，给华工每月增加2美元，最终华工的工资仍低于白人劳工。

除了低工资，华工的生活环境也非常恶劣。根据《沉默的钢钉》一书的描述，华人与非华人居住隔离是当时铁路工地的普遍现象。即使居住在同一地，华人也会被安排到环境更恶劣的地方。"华人的营地就像'狗舍'一样，简单地用薄木板搭建起来，大约4英尺（1.2米）高，6英尺（1.8米）宽，8英尺（2.4米）长。"[1]而一些当时流传下来的照片则显示，华工也曾居住于铁轨旁的简陋帐篷里。无论帐篷还是木屋都极其脆弱，根本抵御不了大自然的摧残。

不平等的工资、华工的恶劣生活环境都显示出白人资本家的野蛮剥削和种族歧视。

[1] ［美］张少书：《沉默的钢钉》，周旭译，文化发展出版社2021年版，第119页。

图 11-8　华工的简陋营地

1869年举行了庆祝两条铁路合拢的盛大庆典，然而在那张标志性的庆典照片上却没有华工的身影，庆功演讲时也对他们只字未提。在旧金山发表演说的法官贝内特盛赞了法国人、德国人、英格兰人、爱尔兰人的贡献，却只字不提华人。当时全美各地的庆祝活动中，也少有人提到华工在铁路建设中发挥的重要作用，被刻意忽视的华工成为"沉默的钢钉"。公司在萨克拉门托公开举办了热闹的庆典，克罗克在演讲中特别感谢了铁路华工，"我希望提醒你们注意的是，我们之所以能够顺利完成这条铁路的初期建设，很大程度上要感谢那些贫穷、受人轻视的华工，他们的勤勉和尽职尽责确

图11-9　1869年中央太平洋铁路与联合太平洋铁路会师庆典

保了这条铁路的竣工。"❶ 克罗克的这句话被誉为美国移民历史上著名的"一句话历史",然而"一句话历史"并不能改变美国的百年排华史。

1869年,跨州铁路竣工后,大批华工被解雇,随之而来的是美国社会的歧视、排斥甚至暴力驱逐。

事实上,从华人进入北美大陆不久,排华思潮已起。白人劳工认为华工威胁了他们的生存,白人政客利用排华为自己捞取政治资本,而根深蒂固的种族歧视和文化偏见更是广泛存在。

到19世纪七八十年代,排华思潮在全美蔓延开来。1882年美国国会通过《排华法案》,用立法形式使排华运动合法化。它规定10年内不准华人劳工入境;对于非经正当途径进入美国的华人,依据法院的裁决驱逐出境;州法院和联邦法院均不得准许华人归化为美国公民;等等。华人成为美国历史上唯一曾被美国国会及联邦政府立法排挤和禁止移民的群体。

攻击和迫害华人的暴行不断发生,让华人的生存之路举步维艰。

1885年,随着美国全国处于严重萧条状态,排华运动也达到疯狂阶段。当年在怀俄明州石泉镇发生了一场震惊中美的反华暴行。当地是矿区,华工和白人矿工同时在此工作。1885年9月的一天,数名白人冲入华

❶［美］张少书:《沉默的钢钉》,周旭译,文化发展出版社2021年版,第232页。

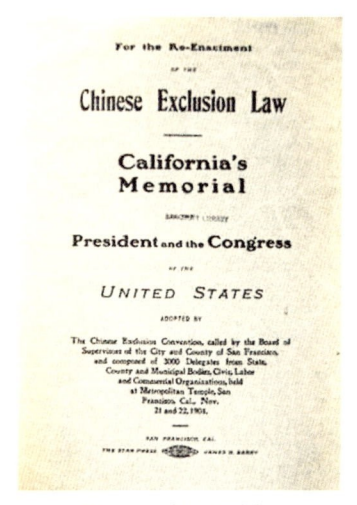

图11-10 《排华法案》

工工作的矿洞，声称白人正在罢工，中国人不得继续工作，双方发生冲突。此后，150多名手持武器的白人洗劫了唐人街。他们火烧棚屋、射杀华人。大量的房屋被焚烧，不少没有来得及逃跑的华人被活活烧死。而费尽心力逃走的华人很多又冻死甚至葬身狼腹。在整个大屠杀中，28名华人死亡，15人重伤，大量房屋被烧，财产损失达14.7万美元。中国驻美外交官要求美国政府采取适当措施保护华人，然而美国政府最终仅赔偿14.7万美元了事，犯罪嫌疑人则因华人不能出庭作证的规定而全部被无罪释放。

"虽然最初的《排华法案》允许那些暂时返回中国的华人只要持有效证件，即可重返美国，但是，1888年由国会通过的《斯科特法案》(Scott Act)却取消了这一规定，由此，在美华人如返回中国访亲探友，就只能是一个单向行程。"❶ 由于《斯科特法案》，两万多名华工回国后，丧失了再来美国的权利。《排华法案》后，在美华人数量不断下降，华人社会规模持续缩小，留下来的华人大多退居唐人街，成为生活在美国社会边缘的群体。

❶ [美]孔飞力:《他者中的华人》，李明欢译，江苏人民出版社2016年版，第222页。

表 11-2　早期中国前往美国的人数分析

	全美移民人数	中国移民人数	华人移民比重(%)
1866—1870年	1513101	40019	2.6
1871—1880年	2812191	123201	4.4
1881—1890年	5246613	61711	1.2
1891—1900年	3687564	14799	0.4
合计	13259469	239730	1.8

结语

一段中央太平洋铁路史就是一部华工的血泪史。

美国这个标榜自由与人权的国度，其崛起的过程充斥着殖民主义的血腥与暴力，满含着对其他民族的种族歧视与压迫。而近代中国国力衰微、国际地位下降、民不聊生。为求生存而漂洋过海的中国人，在异国他乡忍受着语言的不通、文化的差异、种族的歧视、残酷的剥削。出于经济利益的驱动，带着种族主义的傲慢，美国使用华工作为廉价劳动力，华工所受剥削与压迫远比白人劳工严重。马克思在1869年写给恩格斯的信中曾言，通往加利福尼亚的铁路的建成是和"输入了中国苦力来压低工资"分不开的。❶

美国刻意的忽视与打压，孱弱的祖国无法给华工提供强有力的保护，再加上多种因素导致的文献史料的缺乏，华工群体记忆的缺失，这一切致使铁路华工的事迹在很长一段时间内被忽视甚至被抹杀，他们成为"沉默的钢钉"。

当历史的车轮碾过20世纪时，随着中美乃至世界时势的变幻，这段被刻意遗忘的历史开始慢慢浮现：1919年，纵贯北美大陆铁路通车50周年纪念彩车邀请了3名幸存的华工；2014年，美国劳工部部长宣布将1.2万名铁路华工作为一个整体列入美国劳工荣誉堂；2019年，美国隆重纪念太平洋铁路竣工150周年，对铁路华工的贡献予以肯定。时隔100多年，华工们

❶ 黄安年编著：《沉默的道钉——建设北美铁路的华工》，五洲传播出版社2017年版，第173页。

才得到了姗姗来迟的认可,他们不再是"沉默的钢钉",他们的事迹为越来越多的人所了解。

很多华裔作家也用自己的笔记录下那段血泪史。如徐忠雄的小说《家园》中的主人公,其曾祖父参与了中央太平洋铁路建设,他希望能通过自己的努力在美国找到立足之地,然而在铁路完工之后,却遭到了无情的驱散。在排华狂潮背景下,无依无靠的曾祖父只好把在美国出生的儿子送回中国。汤亭亭的《中国佬》中描述了华工筑路的情形,罗列了一个多世纪以来美国歧视和排斥华人的法律及重大历史事件,控诉了华工被抹杀、被驱逐与被迫害的史实,为自己的华人祖先发声。

一个半世纪过去了,当年的华工早已湮没在历史的时空里。山河依旧,然而中国的面貌却已经发生了翻天覆地的变化,今日的中国已是铁路大国,高铁技术俨然成为新世纪中国的一张重要名片。如果有时空穿梭,则当日华工见到今日中国铁路之盛况,一定会感慨万千。

图11-11 油画《我们建造了铁路,铁路成就了美国》

图书在版编目（CIP）数据

中国国家历史 . 叁拾陆 /《中国国家历史》编写组 编著 . — 北京：东方出版社, 2024.4

ISBN 978-7-5207-3894-1

Ⅰ . ①中… Ⅱ . ①中… Ⅲ . ①中国历史 Ⅳ . ① K2

中国国家版本馆 CIP 数据核字（2024）第 054746 号

中国国家历史（叁拾陆）
ZHONGGUO GUOJIA LISHI（SAN SHI LIU）

编　　著：	《中国国家历史》编写组
组　　稿：	南京大学《中国国家历史》编写组
策　　划：	南京师范大学文化产业研究发展中心
策划编辑：	李　斌
责任编辑：	肖　刚　李小娜
出　　版：	东方出版社
发　　行：	人民东方出版传媒有限公司
地　　址：	北京市东城区朝阳门内大街 166 号
邮　　编：	100010
印　　刷：	鸿博昊天科技有限公司
版　　次：	2024 年 4 月第 1 版
印　　次：	2024 年 4 月第 1 次印刷
开　　本：	787 毫米 ×1092 毫米　1/16
印　　张：	13
字　　数：	170 千字
书　　号：	ISBN 978-7-5207-3894-1
定　　价：	68.00 元
发行电话：	(010) 85924640

版权所有，违者必究
如有印装质量问题，我社负责调换，请拨打电话：(010) 85924640